定 

社会 公民　東京書籍版 新しい社会 公民

もくじ

取り外してお使いください 赤シート+直前チェックBOOK,別冊解答

【写真提供】※一部画像はトリミングして掲載しています。
朝日新聞社／アフロ／国連広報センター*／日本臓器移植ネットワーク／ALBUM/アフロ／(c)apjt/amanaimages／GRANGER.COM/アフロ／PPS通信社
*The content of this publication has not been approved by the United Nations and does not reflect the views of the United Nations or its officials or Member States.

※第１学年・第２学年では，地理的分野と歴史的分野を並行して学習することを前提に，全国の定期テストの標準的な出題範囲を示しています。
学校の学習進度とあわない場合は，「あなたの学校の出題範囲」欄に出題範囲を書きこんでお使いください。

Step 1 基本チェック　第1章 現代社会と私たち

10分

次の問題に答えよう！　間違った問題には□にチェックをいれて，テスト前にもう一度復習！

❶ 現代社会の特色と私たち　▶教 p.8-17

解答欄

□ ❶ 持続可能な社会の実現のために，私たち一人一人が積極的に社会の課題解決に取り組むことを何というか。　❶

□ ❷ たくさんの人や物が，国境をこえて移動できるようになり，世界の一体化が進むことを何というか。▶図1　❷

□ ❸ ［国際競争］が進み，各国が競争力のある産業に力を入れ，競争力のないものは輸入するようになることを何というか。　❸

□ ❹ 自国で消費する食料を自国の生産でまかなう割合を何というか。　❹

□ ❺ ［合計特殊出生率］の低下と［平均寿命］ののびによって子供の数が減り，高齢者の割合が増えることを何というか。▶図2　❺

□ ❻ 情報の果たす役割が社会の中で大きくなっていくことを何というか。　❻

□ ❼ 情報を正しく活用する［情報リテラシー］を持ちながら情報に接する態度を何というか。　❼

❷ 私たちの生活と文化　▶教 p.18-23

□ ❽ 日本において，文化財の保存のもととなる法律を何というか。　❽

□ ❾ 価値観の異なる人々が，文化のちがいを認め合いながら生活していくことを何というか。　❾

❸ 現代社会の見方や考え方　▶教 p.24-36

□ ❿ ［家族］や［地域社会］など，人間が生活する単位を何というか。　❿

□ ⓫ 無駄を省く［効率］に対し，全員を尊重する考え方を何というか。　⓫

図1 日本で暮らす［外国人］の数の推移

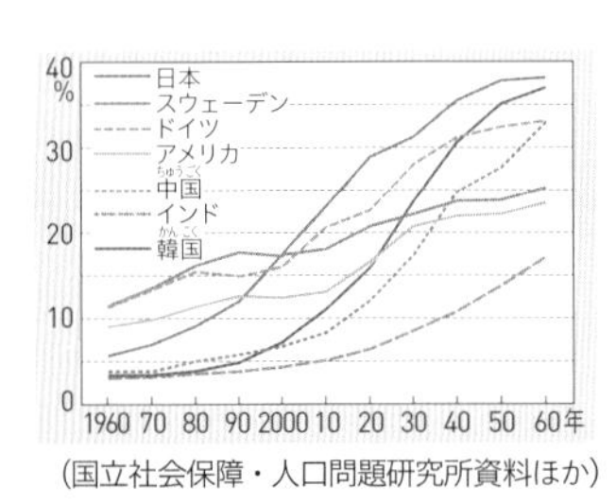

(国立社会保障・人口問題研究所資料ほか)

図2 人口にしめる［高齢者］の割合の推移と将来の推計

グローバル化が進む中でも，伝統文化を守り，相手の立場を考えて課題に向き合う姿勢は大切にしたいね。

［解答▶p.1］

Step 2 **予想問題** 第1章 現代社会と私たち

【持続可能な社会に向けて】

❶ 次の問いに答えなさい。

□ ❶ 持続可能な社会の実現のために必要なこととして正しくないものを，㋐～㋓から選びなさい。

㋐ 災害の記憶(きおく)を忘れないために，防災マップを作る。

㋑ プラスチックごみを減らすために，エコバッグを持ち歩く。

㋒ 世界の貧困問題の現状を知るために，さまざまな情報を得る。

㋓ 今生きている私たちの幸せのために，資源をたくさん消費する。

(　　　)

□ ❷ 持続可能な社会の実現には，私たち一人一人が社会の課題を解決するためにさまざまな取り組みを行う必要があります。この取り組みを何といいますか。

(　　　)

【グローバル化　結び付きを深める世界】

❷ 次の問いに答えなさい。

□ ❶ **資料Ⅰ**を見て，次のa～cにあてはまる語句を**ア**，**イ**からそれぞれ選びなさい。

最も他国に頼っている商品はa（**ア** えび　**イ** そば）である。また，小麦や大豆などはb（**ア** 中国(ちゅうごく)　**イ** アメリカ）から多く輸入している。総合的に見て日本の食料自給率はc（**ア** 高い　**イ** 低い）といえる。

資料Ⅰ　天ぷらそばの材料の生産国

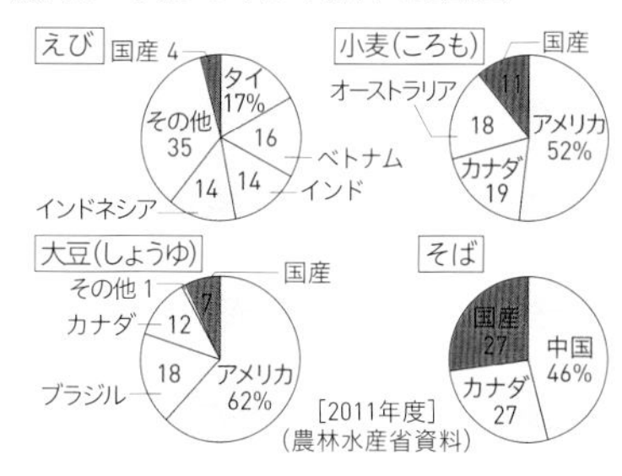

a (　　　)　b (　　　)　c (　　　)

□ ❷ グローバル化が進むと各国の間で良い商品を安く提供しようという動きがおこります。こうした動きを何といいますか。

(　　　)

□ ❸ **資料Ⅱ**を見て，1980年，2017年のそれぞれの年に日本で暮らす外国人の数が最も多い国を選びなさい。

1980年 (　　　)

2017年 (　　　)

□ ❹ **資料Ⅱ**のようなさまざまな国籍を持つ人々と，文化のちがいを認め合いながら共に生活していくことを何といいますか。

(　　　)

資料Ⅱ　日本で暮らす外国人の数の推移

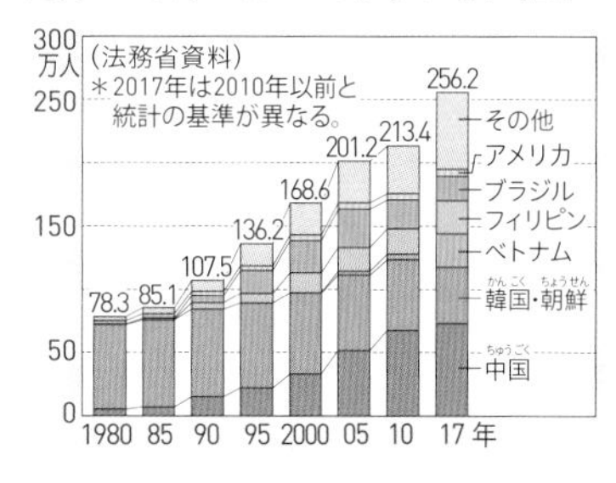

ヒント ❷❶ c 日本は多くの食材を外国からの輸入に頼っています。

ミスに注意 ❶❶ 持続可能な社会の実現は，将来の世代のことも考える必要があります。

【少子高齢化　変わる人口構成と家族】

❸ 右の資料Ⅰ・Ⅱを見て，次の問いに答えなさい。

□ ❶ **資料Ⅰ**は，1960年と2015年の日本の人口ピラミッドです。2015年の人口ピラミッドは**ア**と**イ**のどちらですか。

資料Ⅰ　1960年と2015年の人口ピラミッド

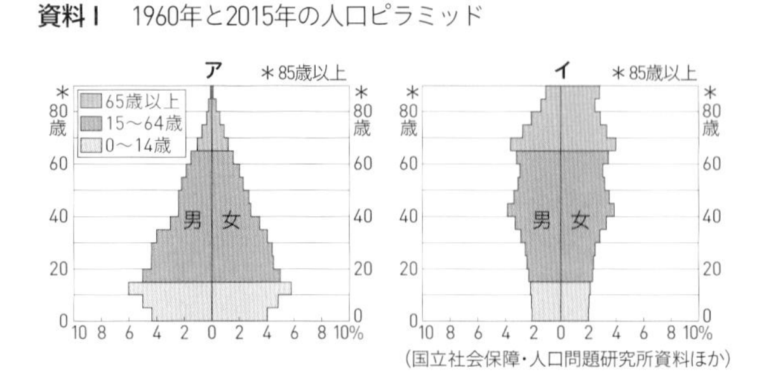

□ ❷ ❶のように判断した理由を，「0〜14歳」と「65歳以上」という言葉を用いて，簡潔に答えなさい。

□ ❸ **資料Ⅱ**中の（　　）とタイトルの（　　）には一人の女性が一生の間に生む子どもの平均人数を示す語句が入ります。この語句を答えなさい。

資料Ⅱ　日本の（　　）と平均寿命の推移

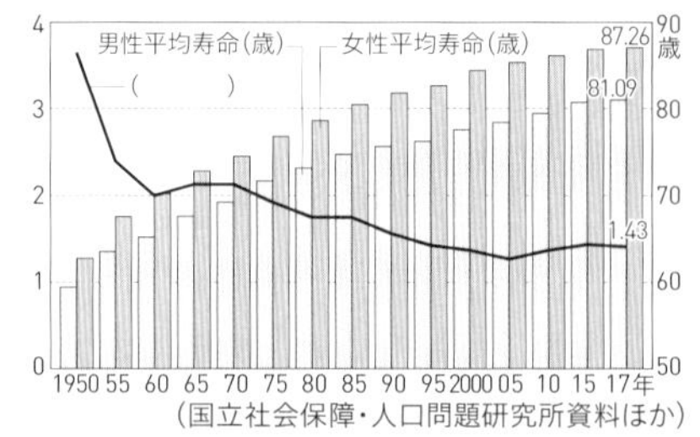

□ ❹ 2017年の男性の平均寿命は，1950年と比較してどのように変化しましたか。正しいものを，㋐〜㋓から選びなさい。

㋐ 約10年短くなった。　㋑ 約10年長くなった。
㋒ 約20年短くなった。　㋓ 約20年長くなった。

【情報化　情報が変える社会の仕組み】

❹ 次の問いに答えなさい。

□ ❶ インターネットの説明として正しくないものを，㋐〜㋓から選びなさい。

㋐ 掲載されている情報はすべて正確なものである。
㋑ 一度広がった情報は，取り消すことが難しい。
㋒ 個人情報の流出は，犯罪につながるおそれがある。
㋓ 雑誌のイラストなどを，勝手にのせてはいけない。

□ ❷ 近年進化している，情報をもとにした推論や判断などの人間が行う働きをコンピューターに持たせたものを何といいますか。

□ ❸ 右の写真のような，電子的な情報によってカードやスマートフォンにお金としての機能を持たせたものを何といいますか。

ヒント　❹❷ 近年，この機能を備えた対話型スピーカーや家電などが広がっています。

ミスに注意　❸❸ その年に生まれた人口1,000人あたりの出生数のことを「出生率」といいます。

［解答▶p.1］

【私たちの生活と文化の役割】

❺ 次の文を読んで，問いに答えなさい。

日本には，a独自の文化として，能や歌舞伎，b沖縄や奄美群島で栄えた文化，c北海道や樺太（サハリン）などで暮らしてきたアイヌ民族が受けついできた文化がある。日本の文化が外国に受け入れられている一方で，外国の影響を受けた日本の文化も多くある。グローバル化が進む中，dたがいのちがいを認め合いながら生活していくことが重要である。

□ ❶ 下線部 a について，次の問いに答えなさい。

① 右の写真は毎年３月に行われるひな祭りで飾るひな人形です。この祭りで行うこととして正しいものを，㋐～㋓から選びなさい。（　　）

㋐ 短冊などをささに飾る。　㋑ シャカの誕生を祝う。

㋒ 女子の健やかな成長をいのる。　㋓ 先祖を供養する。

↑伝統的なひな祭りとひな壇

② ひな祭りのように，毎年同じ時期に行われる行事を何といいますか。

（　　）

□ ❷ 下線部 b・c の文化をそれぞれ何といいますか。

b（　　）　c（　　）

□ ❸ 下線部 d について，製品やサービスが，言語のちがいや障害の有無などにかかわらず，あらゆる人が利用しやすいように工夫されたデザインを何といいますか。

（　　）

【現代社会の見方や考え方】

❻ 次の問いに答えなさい。

□ ❶ 次の文中の（　　）にあてはまる語句をそれぞれ答えなさい。

社会生活では，対立が起こることがある。対立をくり返さないためには集団の中や集団どうしで（　①　）を作る必要がある。（　①　）は，私たちの（　②　）を守っているので，私たちは（　①　）を守る責任・義務がある。

①（　　）　②（　　）

□ ❷ 次の表の（　　）にあてはまる言葉や文をそれぞれ答えなさい。

採決の仕方	長所	短所
全会一致	みんなが納得する	②（　　）
①（　　）	一定時間内で決定できる	少数意見が反映されにくい

ヒント　❺❷ b 沖縄には昔，「琉球王国」という国がありました。

ミスに注意　❺❶②これとちがい，家族で行われる非日常的な行事を「冠婚葬祭」といいます。

Step 3 予想テスト　第1章 現代社会と私たち

30分　/100点　目標 70点

❶ 次の文を読んで，問いに答えなさい。

近年日本では，グローバル化が進む中で，a情報化も進展している。グローバル化は社会を便利にする一方で，さまざまな課題を生じさせている。例えば，b食料自給率の低下は日本が他国に依存していることの現れといえる。また，c少子高齢化が進む日本では，d家族の形態が多様化し，安心して暮らせる社会の形成が求められている。このような現在の社会がかかえる課題の解決には，e「持続可能な社会」という考え方が大切である。

□ ❶ 下線部 a について，情報社会で私たちに求められている，情報を正しく活用する力を何といいますか。

□ ❷ 下線部 b について，右の**資料Ⅰ**を見て，次の問いに答えなさい。

① 2016年度で最も自給率の高いものは何ですか。

② 1960年度は自給率が100%程度であったが，2016年度には40%程度になっているものは何ですか。技

資料Ⅰ　日本の品目別自給率の推移

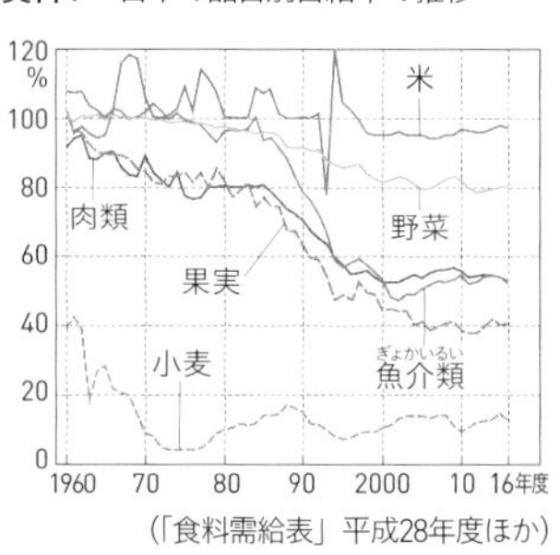

（「食料需給表」平成28年度ほか）

□ ❸ 下線部 c について，次の問いに答えなさい。

① 少子高齢化が進む社会の問題点として正しくないものを，㋐～㋓から選びなさい。

㋐ 山村部の村などで若い人が減り，生活環境の維持が難しくなる。

㋑ 年金や医療，介護などの一人あたりの負担額が大きくなる。

㋒ 出生数が死亡数より低くなり，人口が減少する。

㋓ 結婚年齢が上がり，労働と育児の両立がしやすくなる。

② 右の**資料Ⅱ**を見て，このような国々で高齢者が増えている理由を，「医学」「平均寿命」という言葉を用いて簡潔に答えなさい。思

資料Ⅱ　人口に占める高齢者の割合の推移と将来の推計

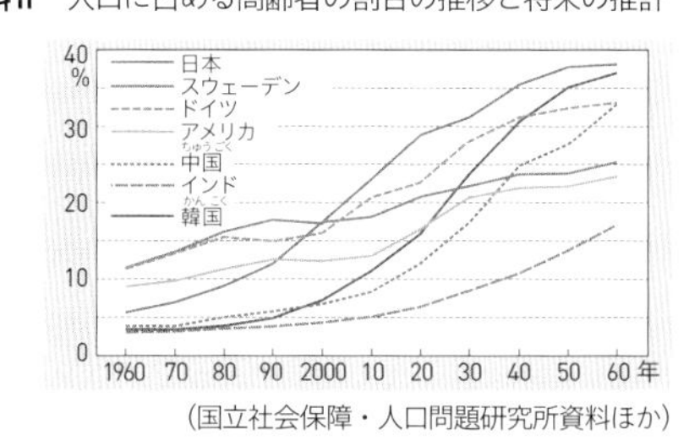

（国立社会保障・人口問題研究所資料ほか）

□ ❹ 下線部 d について，右の**資料Ⅲ**を見て，次の問いに答えなさい。

① A にあてはまる語句を答えなさい。

② 2015年において，世帯数に占める割合が1960年と比べて最も増えているものを答えなさい。技

□ ❺ 下線部 e について，日本では2011年３月11日に起きた大規模な災害によって，持続可能な社会の実現のためには防災やエネルギー問題を考える必要があることが明確になりました。この災害の名前は何ですか。答えなさい。

資料Ⅲ　家族類型別世帯数の推移

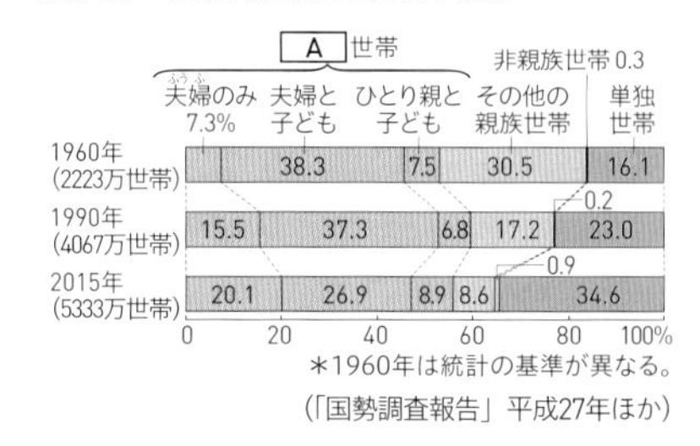

＊1960年は統計の基準が異なる。

（「国勢調査報告」平成27年ほか）

　成績評価の観点　技…資料活用の技能　思…社会的な思考・判断・表現　[解答▶p.2]

❷ 文化について，次の問いに答えなさい。 各5点

□ ❶ 長い歴史の中でつちかわれ，人々に受けつがれてきた文化を何といいますか。

□ ❷ ❶に含まれる，次の年中行事の説明にあてはまるものを，㋐～㋓からそれぞれ選びなさい。

① 男子の健やかな成長をいのる。　② 先祖を供養する。

③ 大豆をまいたりして，季節の変わり目に邪気をはらう。

㋐ お盆（盂蘭盆会）　㋑ ひな祭り　㋒ 端午の節句　㋓ 節分

□ ❸ ❶の中には存続の危機に瀕しているものもありますが，その理由を簡潔に答えなさい。思

□ ❹ アフリカ人女性として初めてノーベル平和賞を受賞したワンガリ・マータイさんは，日本人が用いるある言葉を引用して，環境保護の必要性をうったえました。この言葉は何か答えなさい。

□ ❺ グローバル化が進む中で，異なる国や民族の文化を尊重する姿勢が求められています。「多様性」とも訳される，このような考え方を何といいますか。

❸ 現代社会の見方や考え方について，次の問いに答えなさい。 各5点

□ ❶ 決まりを作る際の考えについて，文中の（　　）に共通してあてはまる語句を答えなさい。

> だれにどのような権利や義務，（　　　）があるかを明らかにする必要がある。
> 合意した決まりは，守らなければならない（　　　）が生じる。

□ ❷ 次のA～Cは，右の資料中のア・イどちらの観点の考え方ですか。それぞれ記号で答えなさい。技

A 全員が参加しているかどうか。

B 立場が入れかわっても受け入れられるかどうか。

C 無駄が出ないかどうか。

決まり

対　立 → 合　意

解決策… ア 効率 と イ 公正

↑対立から合意へ

□ ❸ 採決のとき，たいていの場合全会一致でなく多数決をとる理由を簡潔に説明しなさい。思

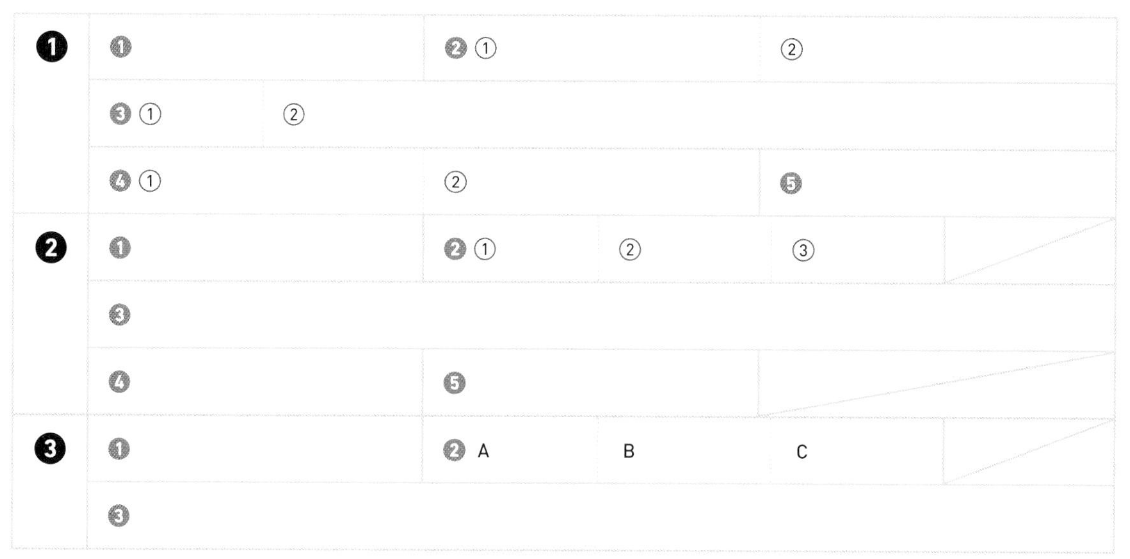

❶	❶	❷ ①	②	
	❸ ①	②		
	❹ ①	②	❺	
❷	❶	❷ ①	②	③
	❸			
	❹	❺		
❸	❶	❷ A	B	C
	❸			

❶ ／40点　❷ ／35点　❸ ／25点

Step 1 基本チェック　第2章 個人の尊重と日本国憲法①

10分

次の問題に答えよう！　間違った問題には□にチェックをいれて，テスト前にもう一度復習！

❶ 人権と日本国憲法　▶ 教 p.40-49

解答欄

- □ ❶ 近代の人権宣言で保障された，表現や信教の自由などの権利を何というか。　❶
- □ ❷ 生存権などの，人間らしい生活を保障する権利を何というか。　❷
- □ ❸ 政治権力は法に従わなければならないとする原則を何というか。▶ 図1　❸
- □ ❹ 1889年に発布された主権者を［天皇］とする憲法を何というか。　❹
- □ ❺ 政治を立法・行政・司法に分け，権力の集中を防ぐ仕組みを何というか。▶ 図2　❺
- □ ❻ ［日本国憲法］に基(もと)づいて［天皇］が行う行為(こうい)を何というか。　❻
- □ ❼ ［核兵器(かくへいき)］を「持たず，作らず，持ちこませず」とする考え方を何というか。　❼
- □ ❽ ［個人の尊重］と関わりの深い憲法14条の考え方を何というか。　❽

❷ 人権と共生社会①　▶ 教 p.50-53

- □ ❾ アイヌ民族を先住民族として法的に位置付けるため2019年に制定された法律を何というか。　❾
- □ ❿ 雇用(こよう)における女性差別を禁止するため1985年に制定された法律を何というか。　❿
- □ ⓫ 1999年に制定された，男性と女性が対等に活躍(かつやく)できる社会を創るための法律を何というか。　⓫
- □ ⓬ さまざまなちがいを認め，すべての人が参加して支え合おうとする考え方を何というか。　⓬

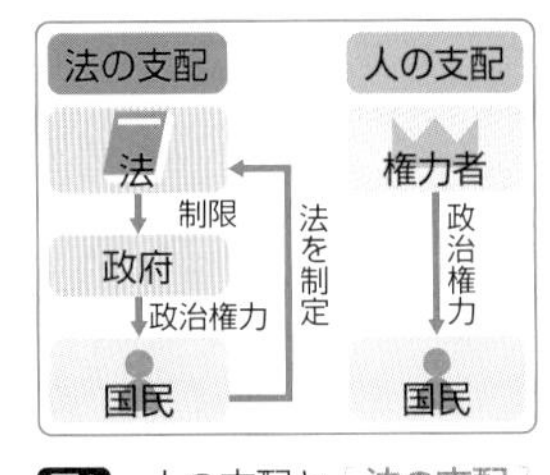

図1 人の支配と［法の支配］

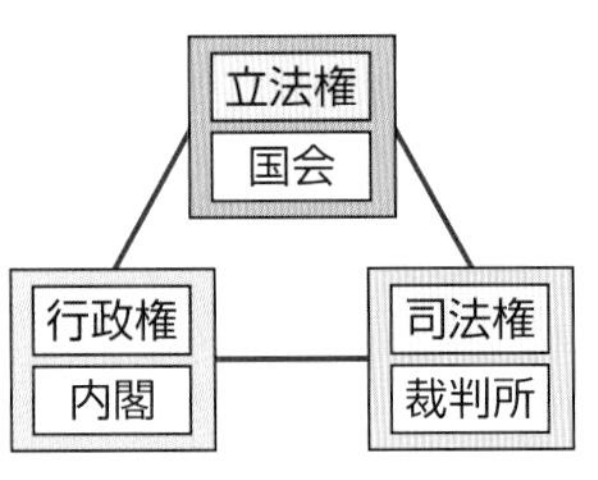

図2 ［三権分立］

人々の長い間の努力によって生まれた憲法は，私たちの生活に深く関わっていて，さまざまな権利を保障しているんだね。

［解答 ▶ p.3］

Step 2 予想問題　第2章 個人の尊重と日本国憲法①

【人権の歴史と憲法①】

❶ 17〜18世紀のヨーロッパの思想家についてまとめた次の表の（　　）にあてはまる著者・著書を，それぞれ下から選んで答えなさい。

著者	国	著書	思想
（ ① ）	イギリス	（ ④ ）	抵抗権
（ ② ）	フランス	（ ⑤ ）	人民主権
（ ③ ）	フランス	（ ⑥ ）	三権分立

〔著者〕 モンテスキュー　　ロック　　ルソー
〔著書〕「法の精神」　「社会契約論」　「統治二論」

誰がどの本を著したのか，整理しておこう！

①（　　）　②（　　）　③（　　）
④（　　）　⑤（　　）　⑥（　　）

【人権の歴史と憲法②】

❷ 次のⅠ〜Ⅳの資料について，問いに答えなさい。

資料Ⅰ
この憲法が国民に保障する（ ① ）は，侵すことのできない（ ② ）の権利として，現在及び将来の国民に与へられる。

資料Ⅱ
日本臣民ハ（ ③ ）ノ範囲内ニ於テ言論著作印行集会及結社ノ自由ヲ有ス

資料Ⅲ
すべての人間は，生れながらにして（ ④ ）であり，かつ，尊厳と（ ⑤ ）とについて平等である。

資料Ⅳ
経済生活の秩序は，全ての人に人間に値する生存を保障することを目指す，正義の諸原則にかなうものでなければならない。

□ ❶ 資料中の（　　）にあてはまる語句をそれぞれ答えなさい。
①（　　）　②（　　）　③（　　）
④（　　）　⑤（　　）

□ ❷ 世界で初めて社会権を認めた資料を，Ⅰ〜Ⅳから選びなさい。（　　）

□ ❸ 国際連合で採択された資料を，Ⅰ〜Ⅳから選びなさい。（　　）

□ ❹ 資料Ⅰ〜Ⅳを，年代の古いものから順に並べなさい。

ヒント ❶①彼の思想は，アメリカ独立宣言に影響を与えました。

ミスに注意 ❷❷社会権とは，人間らしい生活を送るための権利のことです。

［解答▶p.3］

【日本国憲法とは／国民主権と私たちの責任】

❸ 日本国憲法について，次の問いに答えなさい。

□ ❶ 日本国憲法が施行(しこう)された年月日を，西暦(せいれき)で答えなさい。　　年　　月　　日

□ ❷ 日本国憲法の三つの基本原理をすべて答えなさい。

□ ❸ 次の日本国憲法第１条を読んで，問いに答えなさい。

> 第１条　天皇は，日本国の（　　）であり日本国民統合の（　　）であつて，この地位は，主権の存する日本国民の総意に基(もと)づく。

① 条文中の（　　）に共通してあてはまる語句を答えなさい。

② 条文中の下線部の天皇が行う，憲法に定められた政治的ではない行為(こうい)を何といいますか。

□ ❹ 日本国憲法の改正手続きは，法律より厳しく定められています。その理由を，右の図を参考にして簡潔に答えなさい。

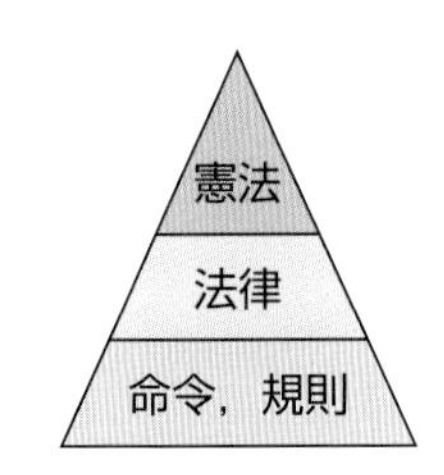

↑法の構成

【平和主義の意義と日本の役割】

❹ 次の問いに答えなさい。

□ ❶ 武力行使を放棄(ほうき)することや，戦力を持たないことを定めた日本国憲法の条文は第何条ですか。数字で答えなさい。　　第　　条

□ ❷ 日本が国を防衛するために持っている組織を何といいますか。

□ ❸ 日本が防衛のために1951年にアメリカと結んだ条約を何といいますか。

□ ❹ 右の地図は，沖縄県の地図です。主に赤く塗られた地域に分布している施設(しせつ)は何ですか。

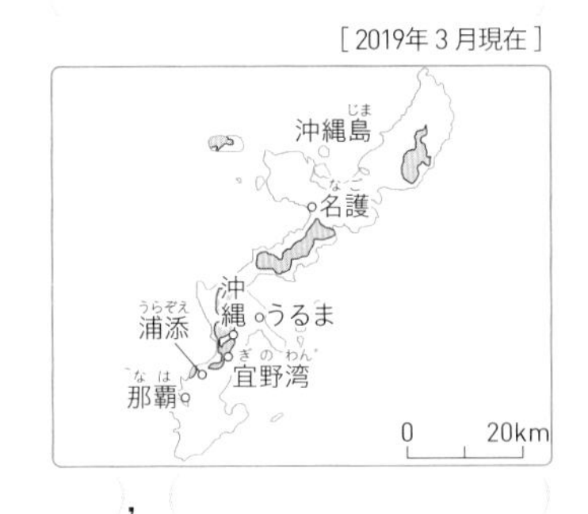

□ ❺ 日本が掲げた「非核(ひかく)三原則」の内容について，（　　）にあてはまる語句をそれぞれ答えなさい。

核兵器(かくへいき)を（　　），（　　），（　　）

ヒント　❸❸②国会の召集(しょうしゅう)や憲法改正の公布などがこれにあたります。

ミスに注意　❸❶日本国憲法は，公布の半年後に施行されました。

[解答▶p.3]

【基本的人権と個人の尊重／平等権　共生社会を目指して】

❺ 次の問いに答えなさい。

□ ❶ 平等権を定めた，次の日本国憲法第14条の条文の（　　）にあてはまる語句をそれぞれ答えなさい。

> 第14条①　すべて国民は，（　A　）に平等であつて，人種，信条，性別，社会的身分又は（　B　）により，政治的，経済的又は社会的関係において，差別されない。

A（　　　　　　）　B（　　　　　　）

□ ❷ 人権は，子どもにも認められています。1989年に国際連合で採択され，日本が1994年に批准した，子どもの人権に関する条約の名前を答えなさい。

（　　　　　　）

□ ❸ 一人ひとりのちがいを価値あるものとして考え，そこに関わる全ての人が参加しておたがいに支え合おうとする考え方を何といいますか。

（　　　　　　）

□ ❹ 1999年に制定された，男性と女性がたがいに尊重し合い，対等な立場で活躍できる社会をつくることを目的とした法律を何といいますか。

（　　　　　　）

□ ❺ 2019年に制定された法律で先住民族として法的に位置付けられた，主に北海道を中心に生活してきた民族を何といいますか。

（　　　　　　）

□ ❻ 共生社会を目指す上でのさまざまな課題に関する説明として正しいものを，㋐～㋓から選びなさい。（　　）

㋐ 明治時代に制定された「解放令」によって，部落差別は完全に解消した。
㋑ 1991年に制定された育児・介護休業法は，現在女性のみに適用されている。
㋒ 同性の人同士でも結婚に相当する関係を認める自治体が増加している。
㋓ 在日外国人は朝鮮や中国の人々が多く，他の地域から来る人は非常に少ない。

□ ❼ 右のグラフは，日本とスウェーデンの女性の年齢別の働いている割合を示しています。スウェーデンと日本で異なる変化をし始めるのはどの年齢区分で，どのように異なるのか，簡潔に答えなさい。

（　　　　　　）

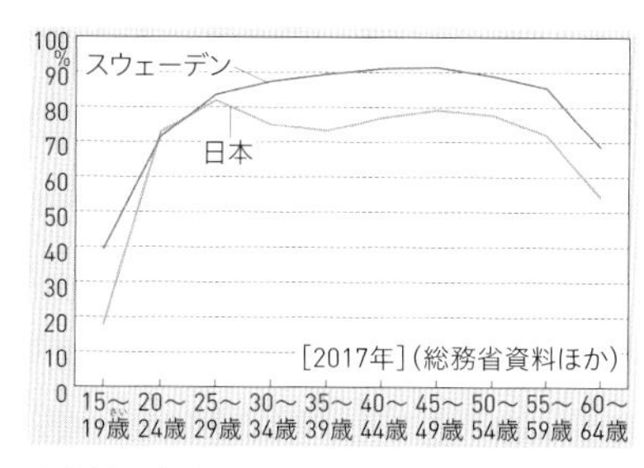

↑女性の年齢別の働いている割合

ヒント　❺❶ B「家柄」を意味する言葉が入ります。

ミスに注意　❺❸ バリアフリーはこれを実現するための取り組みです。

Step 3 予想テスト　第2章 個人の尊重と日本国憲法①

30分

❶ 次の問いに答えなさい。

□ ❶ 日本国憲法の前に定められた憲法は，明治時代にできたものです。
この憲法の正式な名前を答えなさい。

□ ❷ 天皇が国事行為を行うときに助言と承認をあたえ，その責任を負う組織を何といいますか。
また，国事行為として正しいものを，㋐～㋓から選びなさい。
㋐ 内閣総理大臣を指名する。　㋑ 国会を召集する。
㋒ 最高裁判所裁判官を審査する。　㋓ 国務大臣を任命する。

□ ❸ 右の図は，三権分立を示したものです。政治における三権分立を主張したフランスの思想家は誰ですか。
また，［　　］にあてはまる語句を答えなさい。技

立法権
国会
行政権
内閣
［　　］
裁判所
↑三権分立

□ ❹ 日本国憲法の三つの原理のうち平和主義について，次の問いに答えなさい。
① 平和主義と日本の防衛に関する説明として正しくないものを，㋐～㋓から選びなさい。

㋐ 日本政府は，自衛隊については憲法で定められた戦力にはあたらないとしている。
㋑ 日本政府は，平和主義に基づき，自衛隊を海外に派遣したことはない。
㋒ 日本政府は，世界でただ一つの被爆国として非核三原則を国会で決議した。
㋓ 日本政府は，アメリカと日米安全保障条約を結び，アメリカ軍の駐留を認めた。
② 2015年に行われた法改正で政府が限定的に使えるとした，日本と同盟関係にある国が攻撃された場合，日本が攻撃を受けていなくても，その国を守る活動に参加できるという権利を何といいますか。

□ ❺ 右の図は，憲法改正の手続きを示したものです。図中の［①］［②］にあてはまる語句を答えなさい。技

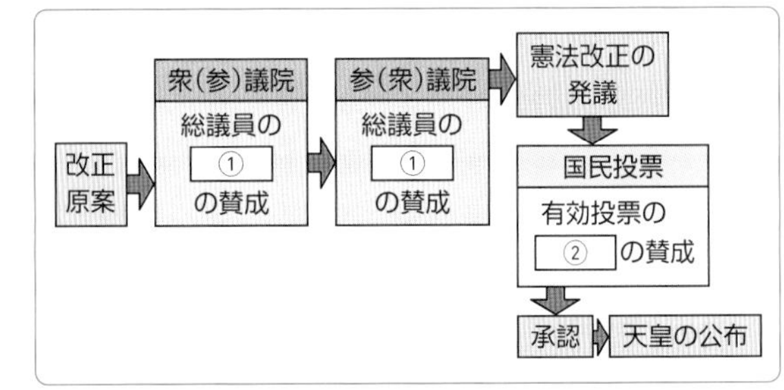

❷ 右の図を見て，次の問いに答えなさい。

□ ❶ 図において，権力者がきびしい政治を国民に強いたとき，それに反対することができるという「抵抗権」を主張したイギリスの思想家は誰ですか。

□ ❷ 図中のAのような原理を，人の支配に対して何の支配といいますか。

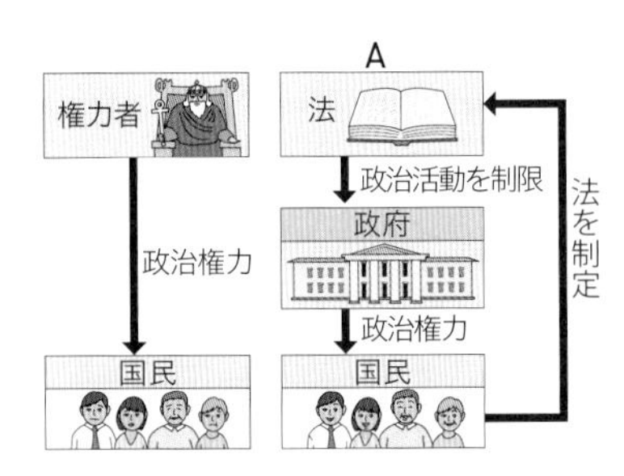

❸ 平等権について，次の問いに答えなさい。 各５点

第１条　すべての人間は，生(うま)れながらにして自由であり，かつ，尊厳と権利とについて平等である。

□ ❶ 1948年に国際連合で採択(さいたく)された，右の資料を何といいますか。
　　㋐～㋓から選びなさい。技
　　㋐ 世界人権宣言　　　㋑ 子ども（児童）の権利条約
　　㋒ 部落差別解消推進法　　㋓ 国際平和協力法(PKO協力法)

□ ❷ 日本国憲法で平等権について定めた条文を読んで，次の問いに答えなさい。

> すべて国民は，法の下(もと)に平等であつ(っ)て，<u>人種</u>，信条，(　　　)，社会的身分又(また)は門地(もんち)により，政治的，経済的又は社会的関係において，差別されない。

　　① (　　　) にあてはまる語句を答えなさい。
　　② 下線部の人種について，この条文をふまえて2019年に制定された，アイヌ民族を先住民族として法的に位置付けた法律を何といいますか。

□ ❸ 障がいのある人も利用しやすいように建物の段差をなくすなど，社会的な障壁(しょうへき)を取り除こうという考え方を何といいますか。

❹ 男女差別の問題について，次の問いに答えなさい。 ❶10点，他各５点

□ ❶ 女性の社会進出に対する現状の説明として正しくないものを，㋐～㋓から選びなさい。
　　㋐ 「男性は仕事，女性は家事」という考えが社会に残っている。
　　㋑ 出産や育児のために仕事を辞める人が多い。
　　㋒ 職場でセクシャル・ハラスメント（性的いやがらせ）を受けることがある。
　　㋓ 他の年齢(ねんれい)に比べて，特に40～50代の働いている女性の割合が少ない。

□ ❷ 雇用(こよう)における女性差別を禁止するために，1985年に制定された法律を何といいますか。

□ ❸ ❷のような法律が制定されることになった理由の一つを，右のグラフを参考にして「女性」「賃金」という言葉を用いて簡潔に答えなさい。思

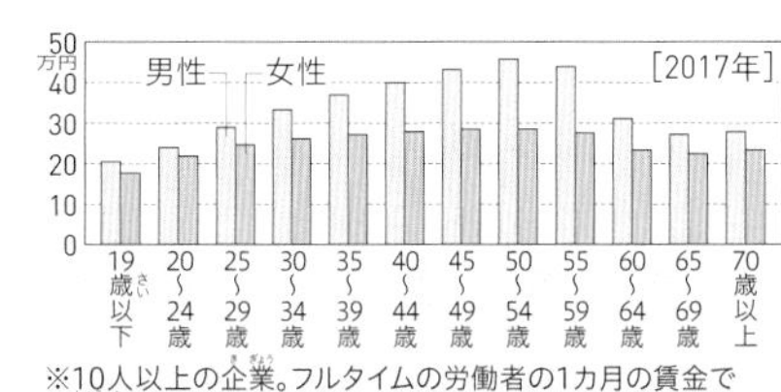

※10人以上の企業。フルタイムの労働者の1カ月の賃金で賞与などはふくまない。(「賃金構造基本統計調査」平成29年)

↑男女の年齢別賃金

❶	❶	❷ 組織：	記号：	
	❸ 思想家：	語句：	❹ ①	
	②	❺ ①	②	
❷	❶	❷		
❸	❶	❷ ①	②	❸
❹	❶	❷		
	❸			

❶　　／50点　❷　　／10点　❸　　／20点　❹　　／20点

[解答▶p.4]

Step 1 基本チェック　第2章 個人の尊重と日本国憲法②

10分

次の問題に答えよう！　間違った問題には□にチェックをいれて，テスト前にもう一度復習！

1 人権と共生社会②　▶ 教 p.54-61

解答欄

- □ ❶ ［自由権］のうち，表現の自由や信教の自由などを何というか。　❶
- □ ❷ ［財産権］の保障や居住・移転の自由などを何というか。　❷
- □ ❸ 人間らしく豊かに生きる権利を何というか。　❸
- □ ❹ 健康で文化的な最低限度の生活を営む権利を何というか。　❹
- □ ❺ 全ての子どもが学校での学習を保障されている権利を何というか。　❺
- □ ❻ 使用者に対して弱い立場にある労働者のための権利を何というか。　❻
- □ ❼ 国民が政治に参加する権利を何というか。　❼
- □ ❽ ❼のうち，選挙に立候補する権利を何というか。　❽
- □ ❾ ［請求権（せいきゅう）］のうち，裁判所に対し裁判を求める権利を何というか。　❾
- □ ❿ 憲法において，社会全体の利益を意味する言葉を何というか。　❿
- □ ⓫ ［普通（ふつう）教育を受けさせる義務］，［勤労の義務］とともに，国民の三大義務の一つとされているものは何か。　⓫

2 これからの人権保障　▶ 教 p.62-74

- □ ⓬ 日照権など，住みやすい環境（かんきょう）を求める権利を何というか。　⓬
- □ ⓭ 生き方などを個人が自由に決定する権利を何というか。▶ 図1　⓭
- □ ⓮ 国民が，国や地方が持つ情報を手に入れる権利を何というか。　⓮
- □ ⓯ 私生活に関する情報を，勝手に公開されない権利を何というか。　⓯
- □ ⓰ 国や民間事業者に個人情報の管理を義務付ける制度を何というか。　⓰
- □ ⓱ ［国際連合］が採択（さいたく）した，人権の保障を義務付ける条約を何というか。▶ 図2　⓱

図1 ［臓器提供］意思表示カード

条約名	日本の批准（ひじゅん）・加入年
人種差別撤廃（てっぱい）条約	1995年
国際人権規約	1979年
女子差別撤廃条約	1985年
拷問（ごうもん）等禁止条約	1999年
死刑廃止（しけいはいし）条約	未批准
障害者権利条約	2014年

図2 人権に関する主な条約

憲法が保障してくれる権利はたくさんある。平等権，自由権，社会権，新しい人権…どれがどの権利かを確認しておこう。

［解答 ▶ p.5］

Step 2 予想問題 **第2章 個人の尊重と日本国憲法②**

1ページ 10分×3

【自由権 自由に生きる権利／社会権 豊かに生きる権利】

❶ 右の図を見て，次の問いに答えなさい。

a 自由権	b 社会権	参政権など
c 平等権		

□ ❶ 下線部 a の自由権に関連して，次のうち，経済活動の自由にあたるものはどれですか。㋐～㋔から二つ選びなさい。

（　　　）（　　　）

㋐ 考えたことを発表できる。

㋑ 住むところを選べる。　㋒ 本や新聞が検閲（けんえつ）されない。

㋓ 手続きなしには逮捕（たいほ）されない。　㋔ お金や貴金属などの財産を持てる。

□ ❷ 下線部 b の社会権に関連して，次の問いに答えなさい。

① 社会権のうち，生存権を規定したものとして憲法第25条があります。条文中の（　　）にあてはまる語句をそれぞれ答えなさい。

A（　　　　）B（　　　　）

第25条① すべて国民は，（ A ）で文化的な（ B ）の生活を営む権利を有する。

② 憲法第25条に基づき，生活に必要な費用を申請（しんせい）できる，右の手続きの（　　）に共通してあてはまる語句を答えなさい。

相談・申請	調　査	決定・通知
（　　）を希望する人が福祉（ふくし）事務所や市役所などへ相談・申請	福祉事務所の担当者が調査し，要件を満たしているか確認（かくにん）	（　　）の必要性や内容を14日（30日）以内に文書で通知

（　　　　）

③ 社会権の一つである教育を受ける権利に関する基本方針が定められた法律は何ですか。

（　　　　）

④ 社会権の一つである労働基本権に関連して，労働三権のうち団体交渉（こうしょう）権について述べた文を，㋐～㋒から選びなさい。

（　　　）

㋐ 要求の実現を求めて，ストライキなどを行う権利。

㋑ 労働組合が賃金などの労働条件の改善を目指して，雇（やと）い主と話し合いをする権利。

㋒ 労働者が団結して行動するための組織である労働組合を作る権利。

□ ❸ 下線部 c の平等権に関連して，人権は，子どもにも平等に認められています。1989年に国際連合で採択され，日本が1994年に批准した，子どもの人権に関する条約の名前を答えなさい。

（　　　　）

ヒント ❶❶居住・移転・職業選択（せんたく）の自由や財産権の保障がこれにあたります。

ミスに注意 ❶❷④団体交渉権のほかには，団結権と団体行動権があります。

【人権を確実に保障するための権利】

❷ 次の問いに答えなさい。

□ ❶ 参政権の一つに，選挙権・被選挙権があります。この権利について述べた文として正しいものを，㋐～㋓から選びなさい。

㋐ 国会議員の選挙権は満25歳以上の国民にあたえられる。

㋑ 地方議会議員の選挙権は満30歳以上の国民にあたえられる。

㋒ 国会議員の選挙には，外国に住んでいても投票できる。

㋓ 地方議会議員の選挙は外国人にも選挙権があたえられる。

（　　　）

□ ❷ 請求権について，次の問いに答えなさい。

① 請求権の基本的権利として，憲法では（　　　）を受ける権利を定めています。（　　　）にあてはまる語句を漢字２字で答えなさい。

（　　　）

② 請求権の一つに，刑事補償請求権があります。これはどのような権利ですか。㋐～㋒から選びなさい。

㋐ 公務員による損害に対して賠償を求める権利。

㋑ 無罪の判決を受けた人が補償を求める権利。

㋒ 警察官が最低給与の保障を求める権利。

【「公共の福祉」と国民の義務】

❸ 次の問いに答えなさい。

□ ❶ 次の日本国憲法第12条を読んで，問いに答えなさい。

> 第12条　この憲法が国民に保障する自由及び権利は，国民の（　A　）によつて，これを保持しなければならない。又，国民は，これを濫用してはならないのであつて，常に（　B　）のためにこれを利用する責任を負ふ。

① 条文中の（　　　）にあてはまる語句をそれぞれ答えなさい。

A（　　　）　B（　　　）

② この条文に基づいて，人権の制限が許される場合があります。表現の自由はその一例ですが，この自由はどのような時に制限されることがあるでしょうか。「他者」という言葉を用いて簡潔に答えなさい。

（　　　）

□ ❷ 日本国民の三大義務のうち，子どもの教育を受ける権利を保障するため，保護者に課されている義務は何ですか。

（　　　）

ヒント ❸❶②他人の人権を侵害する場合，人権は制限されます。

ミスに注意 ❷❶選挙権は投票ができる権利，被選挙権は選挙に立候補ができる権利です。

［解答▶p.5］

【新しい人権①産業や科学技術の発展と人権／新しい人権②情報化の進展と人権】

❹ 次の問いに答えなさい。

□ ❶ **図 I** について，次の問いに答えなさい。

① この仕組みは，新しい人権のうち，何という人権に基づいて作られましたか。（　　　）

② この仕組みを作ることを定めている法律を，㋐～㋓から選びなさい。（　　　）

㋐ 労働基準法　㋑ 環境基本法

㋒ 情報公開法　㋓ 独占禁止法

□ ❷ **図 II** のカードが尊重していると考えられる新しい人権は何ですか。㋐～㋓から選びなさい。（　　　）

㋐ 自己決定権　㋑ プライバシーの権利

㋒ 環境権　㋓ 肖像権

□ ❸ 出生前診断の利用において心配されることは何ですか。「選別」という言葉を用いて簡潔に答えなさい。

（　　　　　　　　　　　　　　　　　　）

図 I

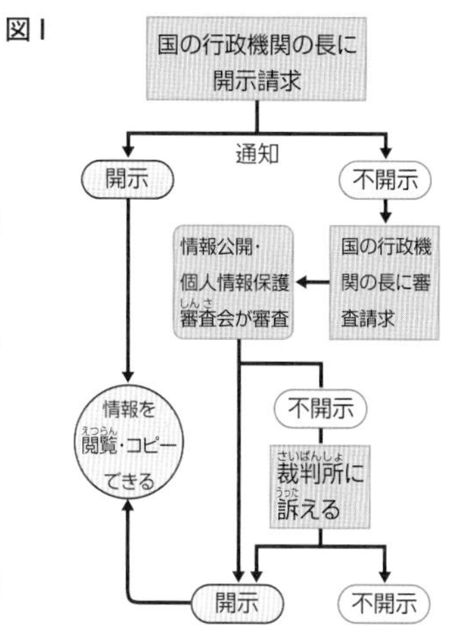

図 II

【グローバル社会と人権】

❺ 次の問いに答えなさい。

□ ❶ **資料 I・II** について，次の問いに答えなさい。

① **資料 I・II** を採択した機関は何ですか。漢字 4 字で答えなさい。

（　　　　　）

② **資料**中 A・B にあてはまる語句をそれぞれ答えなさい。

A（　　　　　）　B（　　　　　）

③ **資料 II** についての説明として正しいものを，㋐～㋓から選びなさい。（　　　）

㋐ 批准した国に人権保障を義務付けている。

㋑ 条約としての効力はない。

㋒ 人権保障の模範となっている。

㋓ 日本は批准していない。

資料 I

（　A　宣言）
第 1 条　すべての人間は，生れながらにして自由であり，かつ，尊厳と権利とについて平等である。

資料 II

（　B　規約）
第 2 条　…すべての個人に対し，人種，皮膚の色，性，言語，宗教…によるいかなる差別もなしにこの規約において認められる権利を尊重し及び確保することを約束する。

□ ❷ 国際的な人権保障のために国と関係なく活動する民間組織も活躍しています。この組織を何といいますか。アルファベット 3 文字で答えなさい。（　　　）

ヒント ❹❷臓器提供意思表示カードは，自分の死後の臓器提供の意思を示すカードです。

ミスに注意 ❺❷日本語では，非政府組織と呼ばれます。

Step 3 予想テスト　第2章 個人の尊重と日本国憲法②

30分　/100点　目標 70点

❶ 次の文を読んで，問いに答えなさい。 各6点

日本国憲法では，a社会権として，b生存権，c教育を受ける権利，d勤労の権利，e労働基本権を保障している。また，人権保障をより確かなものにするために，f参政権やg請求権(せいきゅう)も保障している。

□ ❶ 下線部aが初めて保障された憲法は何ですか。㋐～㋓から選びなさい。
㋐ 大日本帝国(ていこく)憲法　㋑ 日本国憲法
㋒ マグナ・カルタ　㋓ ワイマール憲法

□ ❷ 下線部bについて，次の問いに答えなさい。
① 生存権を保障するために国から生活に必要な費用が支給される制度は，何という法律に基(もと)づいて作られているか答えなさい。
② ①の制度に関する右のグラフの説明として正しいものを，㋐～㋒から選びなさい。技
㋐ 1960年度から2015年度まで支給額は増加し続けている。
㋑ 支給額は2000年度から15年でおよそ1兆7000億円増加している。
㋒ 支給額が1兆円を超えたのは1970年度である。

(国立社会保障・人口問題研究所資料)

↑国から生活に必要な費用を支給した額の推移

□ ❸ 下線部cについて，次の日本国憲法第26条は，教育に関する国民の義務と無償(むしょう)となる教育について定めています。条文中の（　　）にあてはまる文・語句をそれぞれ答えなさい。

> 第26条② すべて国民は，法律の定めるところにより，その保護する子女に（ A ）を負ふ(う)。（ B ）は，これを無償とする。

□ ❹ 下線部dについて，勤労は，権利であり義務でもあります。日本国憲法で定められた国民の義務は，❸のAと「勤労の義務」の他に，もう一つは何ですか。

□ ❺ 下線部eのうち，ストライキなどを行う権利を何といいますか。

□ ❻ 下線部fについて，参政権にあてはまらないものを㋐～㋓から選びなさい。
㋐ 最高裁判所裁判官の国民審査(しんさ)権　㋑ 憲法改正の国民投票権
㋒ 公務員の選定・罷免(ひめん)権　㋓ 裁判を受ける権利

□ ❼ 下線部gについて，請求権の一つに，事件の犯人として訴えられたあと，無罪となった人や，一度有罪となって再審で無罪となった人が，国に補償(ほしょう)を求めることができる権利があります。その権利を何といいますか。

❷ 右の年表を見て，次の問いに答えなさい。 各6点

条約名	採択
人種差別撤廃条約	1965年
（　　　　）	1966年
女子差別撤廃条約	1979年
拷問等禁止条約	1984年
子どもの権利条約	1989年
死刑廃止条約	1989年
障害者権利条約	2006年

□ ❶ 批准国に人権の保障を義務付けている（　　　）にあてはまる条約は何か答えなさい。

□ ❷ 下線部の条約を受けて，日本で1985年に制定された法律は何ですか。㋐～㋓から選びなさい。

㋐ 男女共同参画社会基本法　㋑ 育児・介護休業法
㋒ 部落差別解消推進法　㋓ 男女雇用機会均等法

□ ❸ 年表中の条約のうち，日本が批准していない条約を一つ選んで書きなさい。

❸ 次の文を読んで，問いに答えなさい。 ❶③10点，他各6点

近年，基本的人権は，ₐ日本国憲法に規定されていないものも主張され，それらの権利が認められるようになってきた。世界的には，ᵦ国際連合（国連）や各国が，人権保障への努力を続けている。

□ ❶ 下線部aについて，次の問いに答えなさい。

① 右の写真は，新しい人権のうちどのような権利に配慮したものですか。㋐～㋓から選びなさい。

㋐ 知的財産権　㋑ 環境権
㋒ 知る権利　㋓ 肖像権

② この権利の一つである自己決定権と最も関係のあるものを，㋐～㋓から選びなさい。

㋐ インフォームド・コンセント　㋑ 環境アセスメント
㋒ セクシュアル・ハラスメント　㋓ クローン技術

③ この権利の一つであるプライバシーの権利は，情報化の進展によって侵害されやすくなっています。インターネットによるプライバシーの侵害にはどのようなものがあるか，具体例を一つ書きなさい。

□ ❷ 下線部bについて，加盟国の人権保障の状況を調査したり，改善を勧告したりする国連の組織を何といいますか。

❶	❶	❷①	②	
	❸ A	B	❹	
	❺	❻	❼	
❷	❶	❷	❸	
❸	❶①	②		
	③		❷	

❶　／54点　❷　／18点　❸　／28点

［解答▶p.6］

Step 1 基本チェック　第3章 現代の民主政治と社会①

次の問題に答えよう！　間違った問題には□にチェックをいれて，テスト前にもう一度復習！

❶ 現代の民主政治

▶ 教 p.78-89

解答欄

- □ ❶ 人々の対立を調整し，社会を成り立たせることを何というか。　❶
- □ ❷ 多くの国で行われる，みんなで議論し決定する政治の仕組みを何というか。　❷
- □ ❸ 選挙で選ばれた代表者が議会を作り，物事を話し合って決めるという政治の方法を何というか。　❸
- □ ❹ 物事を決める際，多数の意見を採用する考え方を何というか。　❹
- □ ❺ ❹のとき，反対意見の人に対して配慮(はいりょ)すべきことは何か。　❺
- □ ❻ 私たちが政治参加する方法のうち，特に重要なものを何というか。　❻
- □ ❼ 選挙権は一定年齢(ねんれい)以上の全国民が持つという原則を何というか。　❼
- □ ❽ 投票内容は他人に知られないという原則を何というか。　❽
- □ ❾ 一つの選挙区から一人の代表を選ぶ選挙制度を何というか。　❾
- □ ❿ 現在の日本の［衆議院議員］の総選挙の選挙制度を何というか。　❿
- □ ⓫ 政策について，同じ意見を持つ人同士が集まって作る団体を何というか。▶ 図1　⓫
- □ ⓬ 議会で［野党］と相対する，内閣を組織する政党を何というか。　⓬
- □ ⓭ 複数の政党が内閣を組織し，政権を担(にな)うことを何というか。▶ 図2　⓭
- □ ⓮ 選挙の際などに発表される，政権を担当したときに行う政策やその実施(じっし)方法を明記したものを何というか。　⓮
- □ ⓯ 社会問題について多くの人々に共有されている意見を何というか。　⓯
- □ ⓰ 選挙区ごとに当選に必要な得票数が異なることで，有権者が持つ一票の価値に差がでることを何というか。　⓰

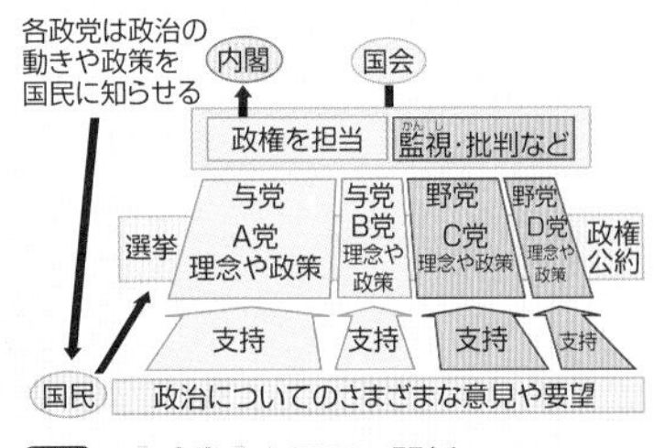

図1 ［政党］と国民の関係

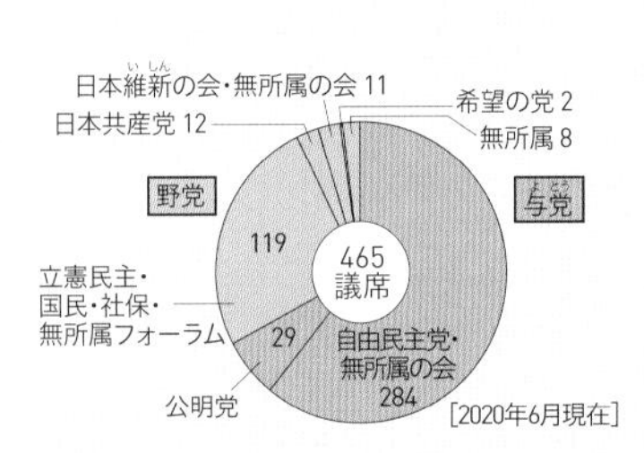

図2 日本の［衆議院］の政党（会派）別議席数

権力者に好き勝手な政治をさせないために，僕たちは選挙権を正しく使って，政治に積極的に参加しなくちゃいけないね。

［解答▶p.7］

Step 2 予想問題　第 3 章 現代の民主政治と社会①

【政治と民主主義】

❶ 次の問いに答えなさい。

□ ❶ **図 I** で演説を行っている人物は誰ですか。

(　　　　　　　　)

図 I

□ ❷ 次の英文は，**図 I** のときに行われた演説の一部です。
何といっているか，日本語で答えなさい。

> …government of the people,
> by the people, for the people…

(　　　　　　　　　　　　　　　　　　　　)

□ ❸ 多くの国で行われている，みんなで話し合って政治を行っていく方法を何といいますか。

(　　　　　　　　)

□ ❹ **図 II** を見て，次の問いに答えなさい。

① **図 II** のように，みんなが話し合いに参加して物事を決める方法を何といいますか。

(　　　　　　　　)

図 II

② 地方自治において①の制度を採用している国を，㋐～㋓から選びなさい。

㋐ スイス　㋑ アメリカ　㋒ フランス
㋓ ドイツ

(　　)

③ ①の方法は，民意を直接反映するという意味では有効ですが，複雑な物事を決めるのには向いていません。それはなぜですか。「大人数」という言葉を用いて簡潔に答えなさい。

(　　　　　　　　　　　　　　　　　　　　)

□ ❺ 日本では，間接民主制（議会制民主主義）を採用しています。
間接民主制では，話し合っても意見が一致(いっち)しないとき，多くの場合は多数の意見を採用します。この原理を何といいますか。

(　　　　　　　　)

□ ❻ ❺の原理で物事を決める際には少数の意見を尊重することが必要になります。
具体的に何をすれば少数の意見を尊重することができますか。簡潔に答えなさい。

(　　　　　　　　　　　　　　　　　　　　)

ヒント　❶❷ この考え方は，日本国憲法の前文にも生かされています。

ミスに注意　❶❻ 少数意見を尊重しないと，多数意見に反対の人との間に対立が生まれます。

[解答 ▶ p.7]

【選挙の意義と仕組み】

❷ 次の問いに答えなさい。

□ ❶ 現在の日本で行われている選挙の４原則として正しくないものを，㋐～㋓から選びなさい。

㋐ 財産選挙　㋑ 平等選挙　㋒ 秘密選挙　㋓ 直接選挙　（　　　）

□ ❷ 小選挙区制を説明している文を，㋐～㋒から選びなさい。　（　　　）

㋐ 一つの選挙区から二人以上の代表を選ぶ。

㋑ 得票に応じて各政党へ議席を配分する。　㋒ 一つの選挙区から一人の代表を選ぶ。

□ ❸ 次の文を読み，問いに答えなさい。

衆議院議員選挙は，定数（　A　）の小選挙区と，全国を（　B　）のブロックに分けて行う定数（　C　）の比例代表制を組み合わせた選挙制度が採用されている。

① 文中の（　　）にあてはまる数字として正しいものを，㋐～㋕からそれぞれ選びなさい。

A（　　　）　B（　　　）　C（　　　）

㋐ 146　㋑ 289　㋒ 96　㋓ 1　㋔ 11　㋕ 176

② 文のようにして行われている，衆議院議員選挙の選挙制度のことを何といいますか。

（　　　　　　）

【政党の役割】

❸ 右の表を見て，次の問いに答えなさい。

□ ❶ 表にある政党は内閣を組織して政権を担当した政党です。このような政党を何といいますか。　（　　　）

□ ❷ 表の多くに見られるように，内閣が複数の政党で組織される政権を何といいますか。

（　　　　　　）

1991年11月～	自
93年8月～	社　さ　新　公　日　民　社
94年4月～	さ　新　公　日　民
94年6月～	自　社　さ
96年11月～	自　社　さ
98年7月～	自
99年1月～	自　自
99年10月～	自　自　公
2000年4月～	自　公　保
03年11月～	自　公
09年9月～	民　社　国
10年5月～	民　国
12年12月～	自　公

◌は閣外協力

自 自由民主党（自民党）
社 日本社会党（1996年1月から社会民主党）
さ 新党さきがけ
新 新生党
公 公明党
日 日本新党
民 民社党
社 社会民主連合
自 自由党
保 保守党（2002年12月から保守新党）
民 民主党
国 国民新党

↑1990年代以降の主な政権担当政党の移り変わり

□ ❸ 表の内容として正しいものを，㋐～㋓から選びなさい。　（　　　）

㋐ 1993年以降は，単独で政権を組織した政党はない。

㋑ 1991年以降，日本共産党が政権を担当したことは一度しかない。

㋒ 1991年以降，自民党はずっと政権を担当している。

㋓ 民主党が初めて政権を担当したのは，2009年である。

□ ❹ 選挙のときに政党が発表する，政権を担当した場合に行う具体的な政策やその実施（じっし）方法などを明記したものを何といいますか。

（　　　　　　）

ヒント　❷❶ 日本では1925年に出された普通選挙法により，この制限がなくなりました。

ミスに注意　❸❶ 政権を担当しない政党を野党といいます。

［解答▶p.7］

【マスメディアと世論】

❹ 次の資料を見て，問いに答えなさい。

□ ❶ 右の資料は，2017年の憲法記念日に掲載された新聞の社説です。この社説が世論に与える影響として考えられるものを㋐～㋓から選びなさい。（　　　）

憲法70年
この歴史への自負を失うまい

1947年5月3日，『新しい憲法　明るい生活』と題する小冊子が発行された。…

後の首相，芦田均による発刊の言葉が高らかだ。「古い日本は影をひそめて，新しい日本が誕生した」。本文は，新時代を生きる国民に「頭の切りかえ」を求めている。

施行から70年。憲法は国民の間に定着したかに見える。それでは為政者の頭はしっかり切りかわったか。残念ながら，答えは否である。

…政権の下で，憲法は今，深く傷つけられている。かつてない危機にあると言わざるをえない。

集団的自衛権は9条を変えない限り行使できない――。この長年堅持されてきた憲法解釈を覆した決定に，「立憲主義の破壊」との批判がやまないのは当然だろう。…

国民主権，人権尊重，平和主義という現憲法の基本原理が役割を果たしたからこそ，日本は平和と繁栄を達成できた。ともかくも自由な社会を築いてきた。その歴史に対する自負を失うべきではない。

現憲法のどこに具体的で差し迫った不具合があるのか。改憲を語るなら，そこから地道に積み上げるのが本筋だ。…

↑憲法記念日の社説（部分　2017年5月3日「…」は省略部分）

㋐ 施行から70年たった憲法は現代には合わないと考える人が増える。

㋑ 平和主義に基づく現憲法の改正には慎重であるべきだと考える人が増える。

㋒ 集団的自衛権を行使するために，9条を変えるべきだと考える人が増える。

㋓ 新時代を生きるために憲法を変えて頭を切りかえるべきだと考える人が増える。

□ ❷ マスメディアから出される情報をあらゆる角度から批判的に読み取る力を何といいますか。（　　　）

【選挙の課題と私たちの政治参加】

❺ 次の問いに答えなさい。

□ ❶ 右のグラフの内容について，正しいものを，㋐～㋓から選びなさい。（　　　）

㋐ 18歳選挙権の開始で，投票率は激増した。

㋑ 衆議院選挙の投票率が最も高かったのは1950年代である。

㋒ 参議院選挙の投票率が最も低かったのは1980年代である。

㋓ 1946年以降，衆議院選挙の投票率は常に参議院選挙を下回っている。

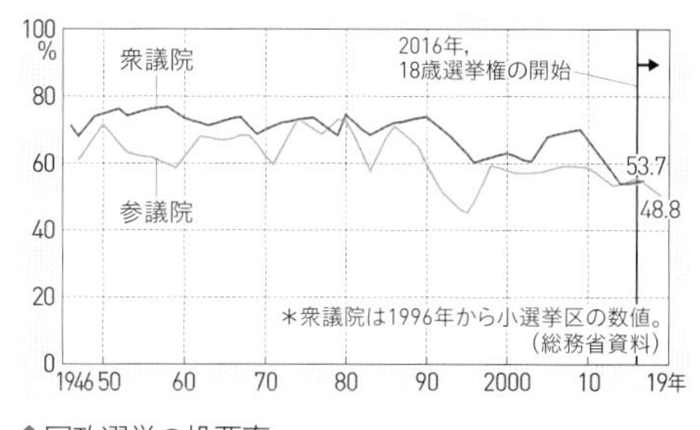

↑国政選挙の投票率

□ ❷ 棄権を減らすために行われる，投票日より前に投票できる制度のことを何といいますか。（　　　）

□ ❸ 一票の格差の問題について，最高裁判所はこの状態を日本国憲法の何に反しているという判決を出しましたか。（　　　）

ヒント　❺❸一票の格差とは，議員一人あたりの人口が選挙区ごとにちがうことを指します。

ミスに注意　❹❶マスメディアには世論を形成する力があります。

［解答▶p.7］

Step 3 予想テスト　第3章 現代の民主政治と社会①

30分　/100点　目標 70点

❶ 次の文を読んで，問いに答えなさい。 各5点

政治とは，人と人との争いを調整して社会を成り立たせることをいう。その方法は$_a$限られた人がすべての物事を決定する場合もあるが，自分勝手な政治になる可能性があるため，現在は$_b$みんなで話し合いをして，決まりなどを作っていくことが多くなっている。

□ ❶ 下線部aについて，右の資料は17世紀のある国で一部の人が政治を行っている様子を示しています。この国はどこですか。㋐～㋓から選びなさい。

㋐ イギリス　㋑ アメリカ　㋒ フランス　㋓ 日本

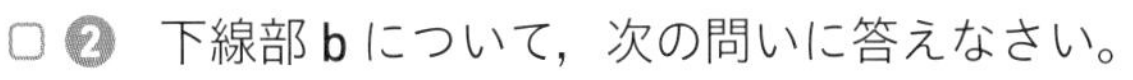

□ ❷ 下線部bについて，次の問いに答えなさい。

① このような方法で行われる政治のことを何といいますか。

② ①のように政治を行うためには，基本的人権の尊重が欠かせません。これを保障した日本国憲法第13条の（　　）にあてはまる語句を答えなさい。

> 第13条　すべて国民は，（　　　）として尊重される。生命，自由及び幸福追求に対する国民の権利については，公共の福祉に反しない限り，立法その他の国政の上で，最大の尊重を必要とする。

③ 多くの国で行われている，代表者が集まった議会で話し合いをして決まりを作っていくという仕組みを何といいますか。

④ 政治では結論を出す必要がありますが，その結論を多数決の原理で出す際，重視しなければいけないことは何ですか。

❷ 日本の選挙について，次の問いに答えなさい。 各5点

□ ❶ 右の資料で，①財産（納税額）による制限がなくなった年，②女性に参政権が認められた年はいつですか。法公布年でそれぞれ答えなさい。技

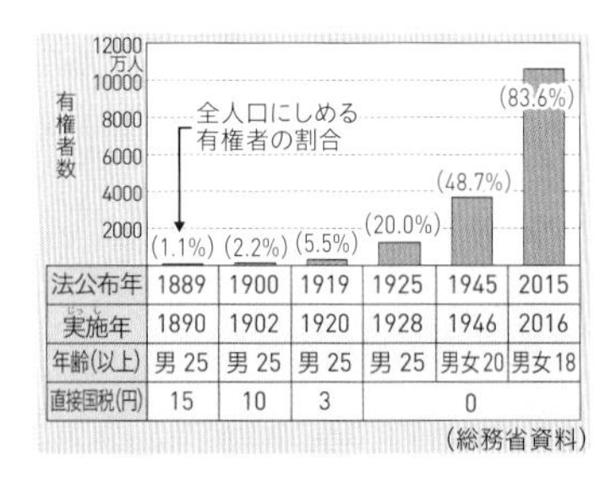

法公布年	1889	1900	1919	1925	1945	2015
実施年	1890	1902	1920	1928	1946	2016
年齢(以上)	男 25	男 25	男 25	男 25	男女20	男女18
直接国税(円)	15	10	3	0		

（総務省資料）

↑有権者数の推移

□ ❷ 現在の日本のような，一定年齢をこえた全ての国民が選挙権を持つ原則を何といいますか。

□ ❸ 今の日本の選挙制度について述べた次の文の（　　）にあてはまる語句や数字を答えなさい。

衆議院議員総選挙は，二つの選挙制度を組み合わせた（ ① ）が採られている。
参議院議員の選挙は，定数を半分に分け，（ ② ）年ごとに改選されている。

[解答▶p.8]

❸ 比例代表制における政党の得票数を示した次の表を見て，問いに答えなさい。 各 5 点

A 党	B 党	C 党	D 党
15000票	10000票	5000票	1500票

□ ❶ このブロックにおける議員定数が「7」の場合，A 党と B 党の当選人数はそれぞれ何人になりますか。数字で答えなさい。技

□ ❷ この選挙の結果，A 党と B 党が協力して内閣を組織することになりました。このようにして成立した政権を何といいますか。

□ ❸ 選挙で発生する死票(しひょう)について述べた文として正しいものを，㋐～㋓から選びなさい。

㋐ 上の表での C 党の得票は死票となり，死票は特に小選挙区制で多く発生する。

㋑ 上の表での C 党の得票は死票となり，死票は特に大選挙区制で多く発生する。

㋒ 上の表での D 党の得票は死票となり，死票は特に小選挙区制で多く発生する。

㋓ 上の表での D 党の得票は死票となり，死票は特に大選挙区制で多く発生する。

❹ 右の二つの資料を見て，次の問いに答えなさい。 各 5 点

□ ❶ **資料 I** 中で，投票率が最も低い年代を答えなさい。

□ ❷ 高齢化の進む日本では，**資料 I** のように投票者に占める高齢者(こうれい)の割合が増えています。こうした状況が生む問題点を，「若者」という言葉を用いて簡潔に答えなさい。思

□ ❸ **資料 II** 中で，一人の議員が当選するために①最もたくさんの得票が必要な選挙区，②最も得票が少なくてよい選挙区をそれぞれ答えなさい。技

□ ❹ **資料 II** 中で，一票の価値が最も重い選挙区と最も軽い選挙区の格差は何倍ですか。

□ ❺ **資料 II** で示されているような，選挙区や選挙の方法などを定めた法律を何といいますか。

資料 I　年齢別投票率（総務省資料）

資料 II　衆議院議員選挙・小選挙区の議員一人あたりの有権者数

（総務省資料）

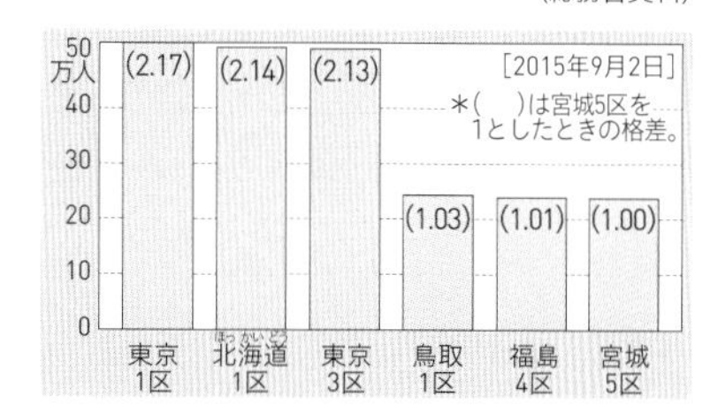

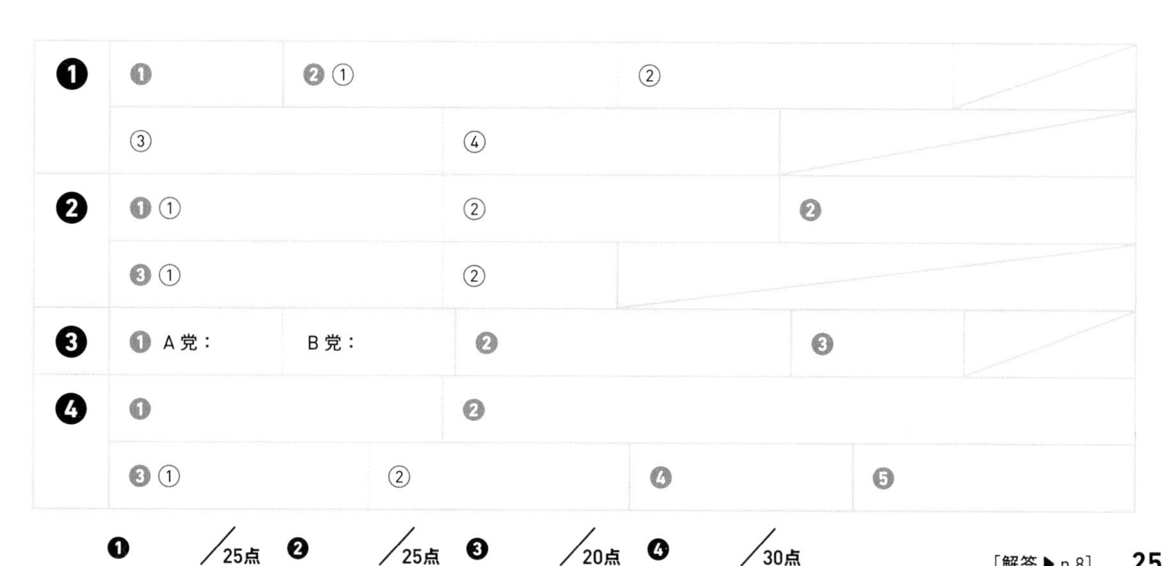

❶	❶	❷ ①	②
	③	④	
❷	❶ ①	②	❷
	❸ ①	②	
❸	❶ A 党：　B 党：	❷	❸
❹	❶	❷	
	❸ ①	②	❹　❺

❶ ／25点　❷ ／25点　❸ ／20点　❹ ／30点

[解答 ▶ p.8]

Step 1 基本チェック 第3章 現代の民主政治と社会②

10分

次の問題に答えよう！ 間違った問題には□にチェックをいれて，テスト前にもう一度復習！

❶ 国の政治の仕組み

▶教 p.90-109

解答欄

- □ ❶ 「衆議院」と「参議院」で構成される政治制度を何というか。 ❶
- □ ❷ 年に1回1月から150日間開かれる国会を何というか。 ❷
- □ ❸ 国会が国会議員の中から内閣の長を指名することを何というか。 ❸
- □ ❹ 国会が裁判官を辞(や)めさせるかどうかを判断する場所を何というか。 ❹
- □ ❺ 「内閣総理大臣」が任命し，「内閣」を構成する大臣を何というか。 ❺
- □ ❻ 内閣が国会の信任に基(もと)づいて成立し，国会に対して連帯して責任を負う制度を何というか。▶図1 ❻
- □ ❼ 「内閣不信任決議」が可決された際に，内閣が10日以内に総辞職しない場合は何をしなければならないか。 ❼
- □ ❽ 国や地方において「全体の奉仕者(ほうししゃ)」として働く職員を何というか。 ❽
- □ ❾ 「行政改革」の中で，許認可(きょにんか)権の見直しなど自由な経済活動を目指してルールを緩(ゆる)めることを何というか。 ❾
- □ ❿ 一つの事件で3回裁判を受けられることを何というか。▶図2 ❿
- □ ⓫ 裁判官が国会などの外部の力に影響(えいきょう)されず，自らの良心に従い，憲法および法律のみにしばられるという原則を何というか。 ⓫
- □ ⓬ お金の貸し借りなど，私人間の争いについての裁判を何というか。 ⓬
- □ ⓭ 被疑者(ひぎしゃ)を「被告人(ひこくにん)」として裁判所に起訴(きそ)する存在を何というか。 ⓭
- □ ⓮ 「司法制度改革」の一環(いっかん)でつくられた，国民が裁判官と一緒に被告人の有罪や無罪・刑(けい)の内容を決める制度を何というか。 ⓮
- □ ⓯ 国の権力を三分割し，独立した機関が担当する制度を何というか。 ⓯
- □ ⓰ 違憲審査(いけんしんさ)の最終決定権を持つ「最高裁判所」は何と呼ばれるか。 ⓰

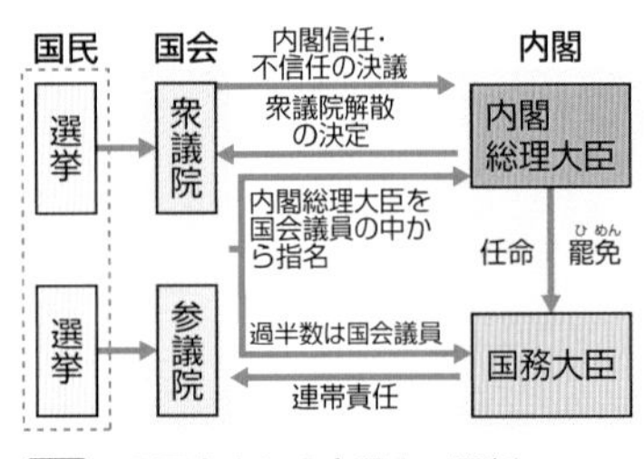

図1 「国会」と「内閣」の関係

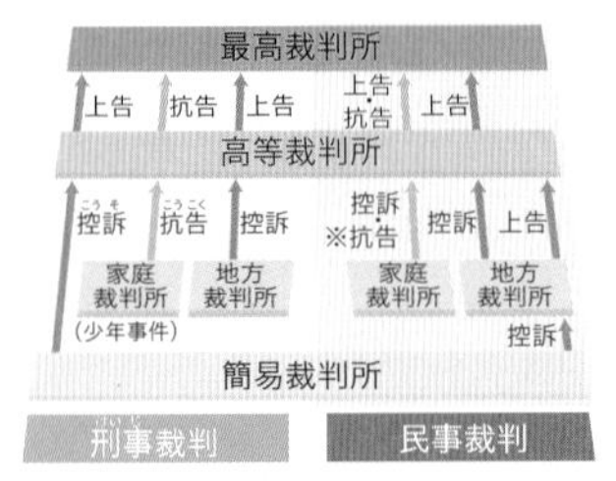

図2 「三審制」の仕組み ※「判決」ではない「決定・命令」が不服な場合の訴え。

立法権を司(つかさど)る国会，行政権を司る内閣，司法権を司る裁判所がそれぞれどのように均衡(きんこう)を図(はか)っているか，役割とともにおさえよう！

[解答▶p.9]

Step 2 予想問題　第3章 現代の民主政治と社会②

1ページ 10分×3

【国会の地位と仕組み】

❶ 右の表を見て，次の問いに答えなさい。

□ ❶ 表中の（　）にあてはまる数字をそれぞれ答えなさい。

① （　　） 人

② （　　） 年

③ （　　） 歳以上

（2020年現在）

	衆議院	参議院
議員定数	（ ① ）人	245人
任期	4年	（ ② ）年
被選挙権	（ ③ ）歳以上	30歳以上

※参議院の定数は2022年の選挙で248人に増える予定です。

□ ❷ 国会の地位については，憲法第41条に規定されています。この条文の（　）にあてはまる語句をそれぞれ答えなさい。

A（　　）　B（　　）

第41条　国会は，国権の（ A ）であつて，国の唯一の（ B ）である。

□ ❸ 日本の国会が二院制（両院制）を採用している理由を簡潔に答えなさい。

（　　）

□ ❹ 毎年1回，1月に召集される会期150日間の国会を何といいますか。

（　　）

【法律や予算ができるまで／行政を監視する国会】

❷ 次の問いに答えなさい。

□ ❶ 国会の仕事ではないものを，㋐～㋔から二つ選びなさい。（　　）（　　）

㋐ 条約を結ぶ　㋑ 衆議院を解散する　㋒ 弾劾裁判所を設置する

㋓ 内閣総理大臣を指名する　㋔ 憲法改正を発議する

□ ❷ 予算ができるまでの流れが正しくなるように，次の㋐～㋒を並べ替えなさい。

（　　→　　→　　）

㋐ 参議院本会議で採決する。　㋑ 内閣が予算案を提出する。

㋒ 衆議院本会議で採決する。

□ ❸ 法律案や予算を本会議の採決の前にくわしく審査する，分野別の国会議員によって構成される組織を何といいますか。（　　）

□ ❹ 衆議院と参議院が持つ，政府から記録を提出させたり，証人喚問を行ったりして国の政治を調査する権限を何といいますか。（　　）

ヒント ❷❷ 予算は衆議院から先に審議することが決められています。

ミスに注意 ❶❹ 国会にはこの他，臨時会や特別会，参議院の緊急集会があります。

【行政の仕組みと内閣】

❸ 次の問いに答えなさい。

□ ❶ 内閣が担当する仕事として正しいものを，㋐～㋓から選びなさい。（　　）

㋐ 外国と結んだ条約を承認（しょうにん）する。　㋑ 予算の審議（しんぎ）と議決を行う。

㋒ 最高裁判所長官の指名を行う。　㋓ 法律が憲法に違反していないかを審査（しんさ）する。

□ ❷ 国の主な行政機関について，保育所に関する仕事をする省を，㋐～㋓から選びなさい。（　　）

㋐ 厚生（こうせい）労働省　㋑ 経済産業省　㋒ 総務省　㋓ 文部科学省

□ ❸ 右の図を見て，次の問いに答えなさい。

① 図中のA～Dにあてはまる語句をそれぞれ答えなさい。

A（　　）　B（　　）

C（　　）　D（　　）

② 内閣総理大臣とアメリカ大統領の権限では，アメリカ大統領の方が強いとされていますが，それはなぜですか。図を参考にして，「選挙」という言葉を用いて簡潔に答えなさい。

（　　）

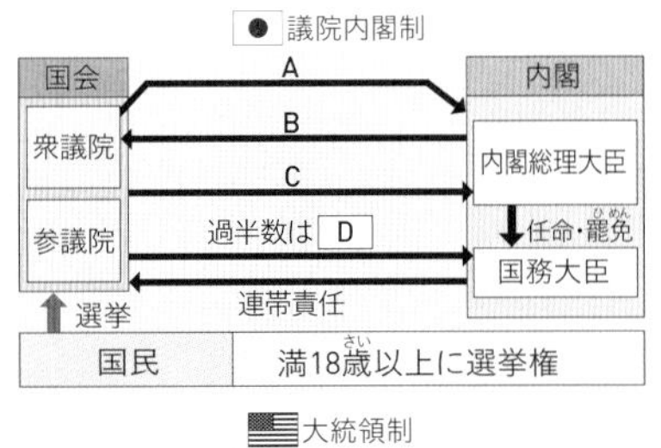

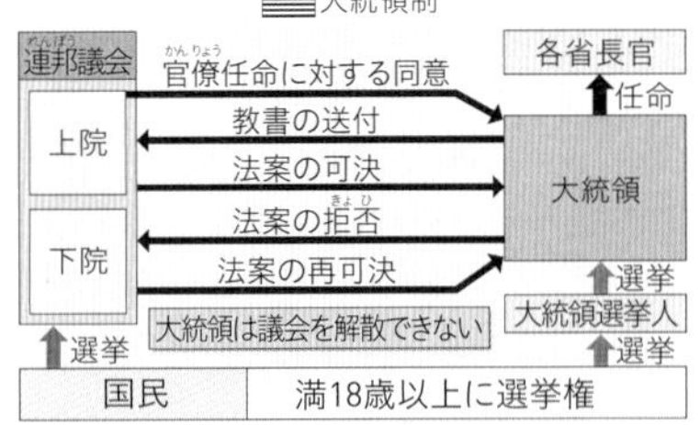

↑日本とアメリカの立法と行政の関係

【行政の役割と行政改革】

❹ 次の問いに答えなさい。

□ ❶ 公務員について規定されている憲法第15条の（　　）にあてはまる語句を答えなさい。（　　）

> 第15条②　すべて公務員は，（　　）であつて，一部の奉仕者ではない。

□ ❷ 政府が収入を得て支出を行う経済活動のことを何といいますか。（　　）

□ ❸ 小さな政府の説明として正しくないものを，㋐～㋓から選びなさい。（　　）

㋐ 小さな政府は，19世紀半ばまでの欧米で一般（いっぱん）的に採用された政策である。

㋑ 小さな政府は，安全保障や治安維持（いじ）などの最小限の役割を持つ。

㋒ 小さな政府は，その維持のために国民が多くの税金を支払う必要がある。

㋓ 小さな政府は，政府の仕事をできるだけ企業（きぎょう）に任せようとする考え方である。

ヒント　❸❶内閣は外国と条約を結んだり，予算を作成して国会に提出したりします。

ミスに注意　❸❸①各機関がおたがいに均衡（きんこう）を図（はか）るための権限を表しています。

［解答▶p.9］

【裁判所の仕組みと働き／裁判の種類と人権／裁判員制度と司法制度改革】

5 次の問いに答えなさい。

□ 1 司法（裁判）を担当する裁判所のうち，高等裁判所について述べた文として正しいものを，㋐～㋓から選びなさい。（　　）

㋐ 全国で東京一か所のみに設置されている。
㋑ 審理(しんり)が原則として非公開で行われる。
㋒ 請求額(せいきゅう)が140万円以下の民事裁判の第一審(だいいっしん)を行う。
㋓ 主に第二審(だいにしん)の裁判を行う。

□ 2 三審制(さんしんせい)を説明した次の文の（　　）にあてはまる語句をそれぞれ答えなさい。

A（　　）　B（　　）

第一審に不服があった場合は，第二審に（　A　）できる。さらに第二審に不服があった場合は，（　B　）することができる。

□ 3 刑事(けいじ)裁判についての説明として正しいものを，㋐～㋓から選びなさい。（　　）

㋐ 訴(うった)えられた人のことを，被疑者(ひぎしゃ)という。　㋑ 黙秘権(もくひ)は認められていない。
㋒ 検察官の起訴(きそ)によって始まる。　㋓ 裁判の結果，和解にいたることもある。

□ 4 裁判員制度の説明として正しくないものを，㋐～㋓から選びなさい。（　　）

㋐ 満20歳以上の国民の中からくじと面接で選ばれる。
㋑ 殺人や強盗致死(ごうとうちし)などの重大な犯罪が対象となる。
㋒ 地方裁判所で行われる第一審を扱い，第二審からは参加しない。
㋓ 有罪か無罪かだけを審判し，刑罰(けいばつ)の内容までは扱(あつか)わない。

【三権の抑制と均衡】

6 右の図を見て，次の問いに答えなさい。

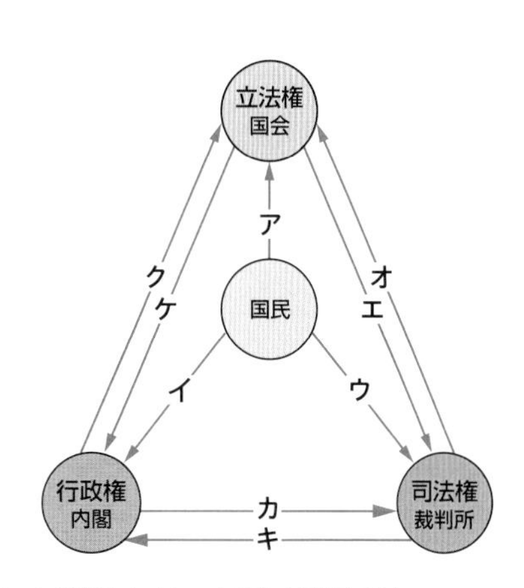

□ 1 国の権力を，図のように三つに分けることを何といいますか。（　　）

□ 2 次の①～④があてはまる場所を，図中**ア**～**ケ**からそれぞれ選びなさい。

①（　　）　②（　　）
③（　　）　④（　　）

① 法律の違憲審査(いけんしんさ)　② 弾劾(だんがい)裁判所の設置
③ 内閣不信任の決議　④ 選挙

□ 3 2 ①に関して，法律などが違憲か合憲かを最終的に判断する権限を持つ最高裁判所は，一般に何と呼ばれますか。（　　）

ヒント　6 1 フランスの思想家モンテスキューが，「法の精神」の中で主張しました。

ミスに注意　5 3 民事裁判で訴えられた人は被告(ひこく)，刑事裁判で訴えられた人は被告人といいます。

Step 3 予想テスト

第3章 現代の民主政治と社会②

30分

❶ 法律ができるまでを示した右の図を見て，次の問いに答えなさい。 各5点

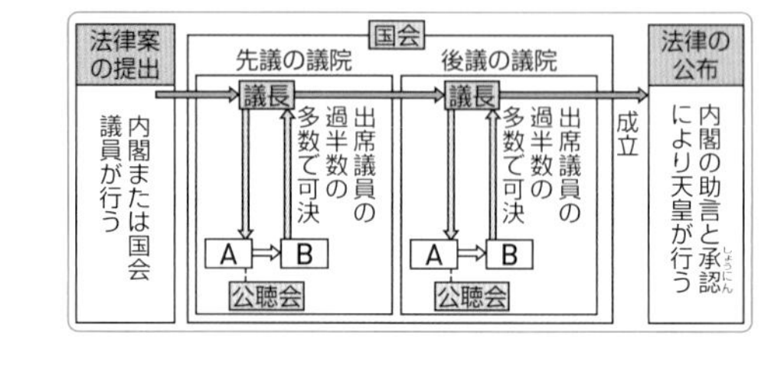

□ ❶ 法律案を審査(しんさ)するA，採決を行うBの名前をそれぞれ漢字3字で答えなさい。技

□ ❷ 図中の議院のうち，衆議院にはいくつかの議決で優越(ゆうえつ)が認められています。その理由を，「任期」「解散」という言葉を用いて簡潔に答えなさい。思

□ ❸ 図中の国会について，次の問いに答えなさい。

① 毎年1回，1月中に召集(しょうしゅう)される国会を何といいますか。

② 国会が行う憲法改正の発議に関する説明として正しいものを，㋐～㋓から選びなさい。

㋐ 衆議院・参議院それぞれの出席議員の過半数の賛成で発議される。

㋑ 衆議院・参議院それぞれの出席議員の3分の2以上の賛成で発議される。

㋒ 衆議院・参議院それぞれの総議員の過半数の賛成で発議される。

㋓ 衆議院・参議院それぞれの総議員の3分の2以上の賛成で発議される。

□ ❹ 図中の内閣について，次の問いに答えなさい。

① 近年内閣が行っている行政改革として正しくないものを，㋐～㋓から選びなさい。

㋐ 許認可権(きょにんかけん)の見直し　㋑ 公務員の削減(さくげん)　㋒ 事業の見直し　㋓ 縦割り行政

② 現代では，政府は人々の暮らしを保障するために社会保障や雇用(こよう)の確保などさまざまな役割を担(にな)う必要があると考えられています。こうした考え方を一般(いっぱん)的に何といいますか。

❷ 右の図を見て，次の問いに答えなさい。 各5点

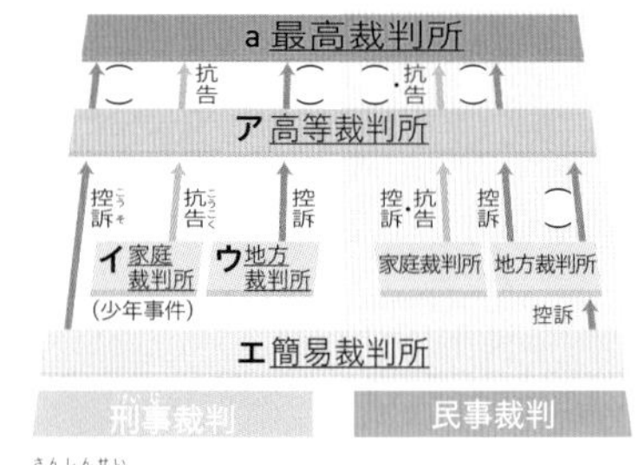

↑三審制(さんしんせい)の仕組み

□ ❶ 図中の（　　）に共通してあてはまる語句を答えなさい。

□ ❷ 下線部aの長官の指名と任命に関する説明として正しいものを，㋐～㋓から選びなさい。

㋐ 国会が指名し，内閣総理大臣が任命する。

㋑ 内閣が指名し，天皇が任命する。

㋒ 裁判所が指名し，内閣総理大臣が任命する。

㋓ 国会が指名し，天皇が任命する。

□ ❸ 次の説明にあてはまる裁判所を，図中のア～エからそれぞれ選びなさい。

① 全国に8か所設置されている裁判所。

② 裁判員制度で裁判員が担当する裁判所。

□ ❹ 図のように，一つの内容につき3回まで裁判が行われる理由を簡潔に答えなさい。思

❸ 右の図を見て，次の問いに答えなさい。 各 5 点

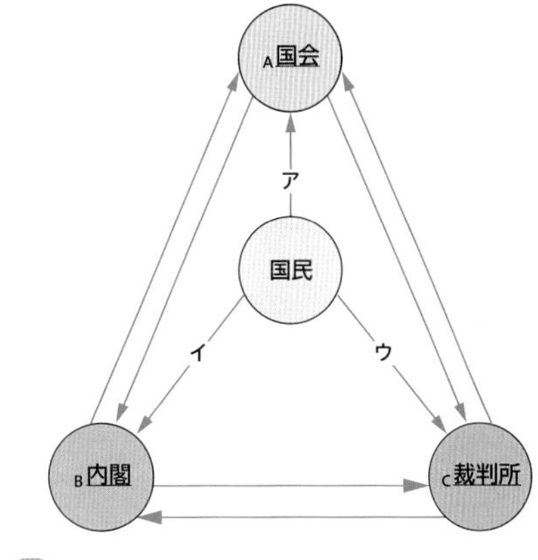

□ ❶ 行政権を持つ機関を，図中の A ～ C から選びなさい。

□ ❷ 国民が直接投票や審査を行わないものを，図中の**ア**～**ウ**から一つ選びなさい。

□ ❸ 図のように権力を三つに分けることを「法の精神」で主張した思想家を，㋐～㋓から選びなさい。

㋐ ロック　　㋑ モンテスキュー

㋒ ルソー　　㋓ リンカン

□ ❹ 図中 A の国会について，国会から内閣への不信任決議が可決された場合について示した次の図の（　　）にあてはまる数字・語句をそれぞれ答えなさい。技

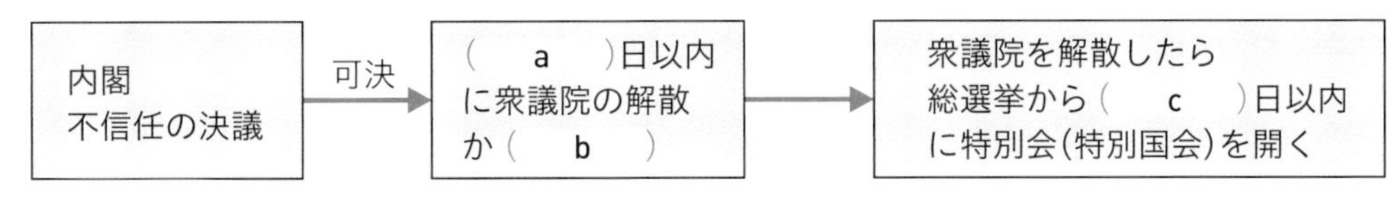

□ ❺ 図中 B の内閣について，内閣は内閣総理大臣と国務大臣で構成されます。国務大臣の説明として正しくないものを，㋐～㋓から選びなさい。

㋐ すべての国務大臣は，国会議員の中から選出される。

㋑ すべての国務大臣は，内閣総理大臣に任命される。

㋒ 行政の仕事に関する事柄（ことがら）を決定するため，閣議に参加する。

㋓ 国務大臣を長とする機関の一つに，国家公安委員会がある。

□ ❻ 図について説明した文として正しいものを，㋐～㋒から選びなさい。技

㋐ 内閣は，国会の召集や衆議院の解散を決定できるのに対し，国会は内閣総理大臣を任命することができる。

㋑ 国会は，裁判所に対して弾劾（だんがい）裁判所を設置できるのに対し，裁判所は国会がつくった法律の違憲（いけん）審査ができる。

㋒ 裁判所は内閣が作る命令などの違憲審査ができるのに対し，内閣は裁判所に対して最高裁判所長官の任命や，その他の裁判官の指名ができる。

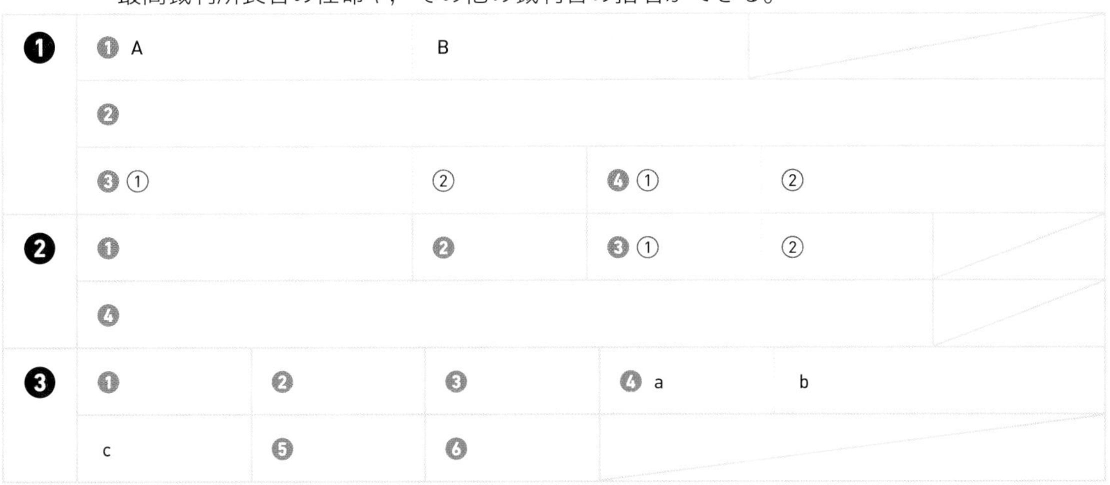

❶	❶ A	B		
	❷			
	❸ ①	②	❹ ①	②
❷	❶	❷	❸ ①	②
	❹			
❸	❶	❷	❸	❹ a / b
	c	❺	❻	

❶　／35点　❷　／25点　❸　／40点

[解答▶p.11]

Step 1 基本チェック　第3章 現代の民主政治と社会③

10分

次の問題に答えよう！　間違った問題には▢にチェックをいれて，テスト前にもう一度復習！

❶ 地方自治と私たち

▶教 p.110-126

解答欄

- ▢ ❶ ［市町村］や［都道府県］などの地域を運営する場を何というか。　❶
- ▢ ❷ 市とほぼ同じ権限を持つ東京都の23区を何というか。　❷
- ▢ ❸ 地域は住民により運営され，国から自立した❶をつくるという原則を何というか。　❸
- ▢ ❹ 仕事や財源を国から❶に移すことを何というか。　❹
- ▢ ❺ ［地方議会］が法律の範囲(はんい)内で定める❶独自の法を何というか。　❺
- ▢ ❻ 都道府県知事や市（区）町村長などの長を何というか。▶図1　❻
- ▢ ❼ 住民が❻と地方議員という２種類の代表を選ぶことを何というか。　❼
- ▢ ❽ 都道府県知事の［被(ひ)選挙権］は何歳(さい)以上に与えられているか。　❽
- ▢ ❾ 地域住民に認められた直接民主制を取り入れた権利を何というか。　❾
- ▢ ❿ ❶が１年間で得る収入を何というか。　❿
- ▢ ⓫ ❶が収入を得て，それを支出する経済活動を何というか。　⓫
- ▢ ⓬ ❿のうち，４割を占める❶が集める税を何というか。　⓬
- ▢ ⓭ ❿のうち，都道府県や市町村間の財政格差をおさえるための国から配分されるお金を何というか。　⓭
- ▢ ⓮ ❿のうち，特定の仕事のために国から得る費用を何というか。　⓮
- ▢ ⓯ ❿のうち，都道府県や市町村の借金を何というか。▶図2　⓯
- ▢ ⓰ 公共施設(しせつ)の建設や［市町村合併(がっぺい)］の問題など，重要な問題で住民の意見を投票してもらうことを何というか。　⓰
- ▢ ⓱ もうけではなく公共の利益のために活動する団体を何というか。　⓱
- ▢ ⓲ 急激な人口減少が進んでいる地域を何というか。　⓲

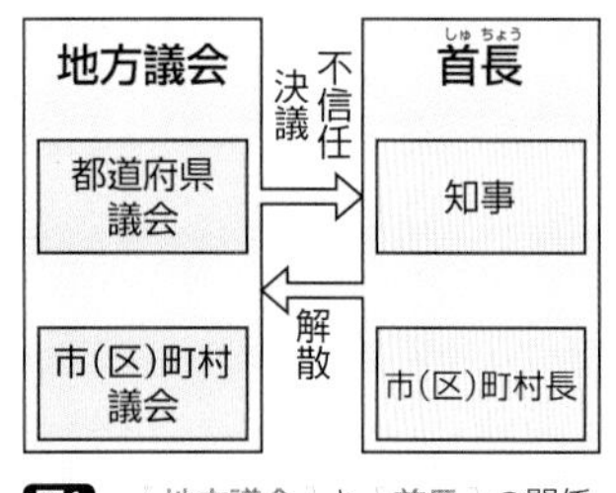

図1 ［地方議会］と［首長］の関係

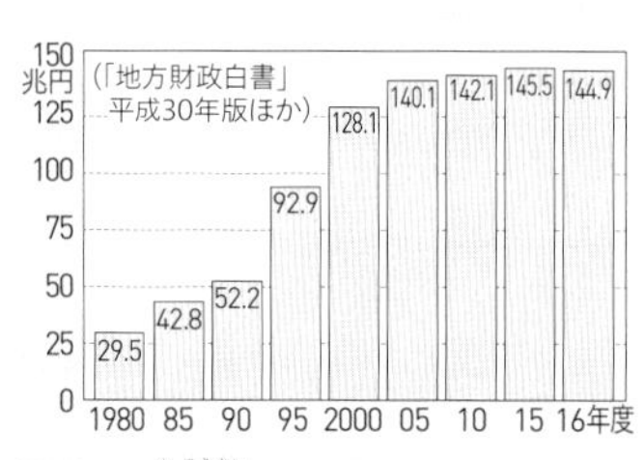

図2 ［地方債］の発行残高の推移

地方議会と首長の関係，財政状況や選挙権・被選挙権の年齢(ねんれい)など，国と地方公共団体では何が似ていて何がちがうのかを整理しておこう！

［解答▶p.12］

Step 2 予想問題　第3章 現代の民主政治と社会③

【私たちの生活と地方自治】

❶ 次の日本国憲法第92条を読んで，問いに答えなさい。

> 第92条　（　a　）の組織及び運営に関する事項は，地方自治の本旨に基いて，b法律でこれを定める。

□ ❶ aにあてはまる語句を答えなさい。（　　　）

□ ❷ 東京都の23区はaの一つであり，市とほぼ同じ権限を持っています。これは何と呼ばれていますか。（　　　）

□ ❸ 下線部bの法律を何といいますか。（　　　）

□ ❹ aの仕事としてあてはまらないものを，㋐～㋓から選びなさい。（　　　）

㋐ 上下水道の設置を行う。　㋑ 住民登録を行う。
㋒ 地方裁判所において民事裁判を行う。　㋓ ごみの収集を行う。

□ ❺ aの中には，市民の要望を聞くために独自の部署が設けられている場合があります。こうした部署への要望として正しくないものを，㋐～㋓から選びなさい。（　　　）

㋐ 車が多く通って危ないので，ガードレールをつくってほしい。
㋑ 近くに買い物できる場所がないので，スーパーマーケットをつくってほしい。
㋒ 子どもを預けられる場所がないので，保育園をつくってほしい。
㋓ 駅前に自転車が多く停まっていて通りにくいので，駐輪場をつくってほしい。

□ ❻ 次の文中の（　　）にあてはまる語句を答えなさい。（　　　）

> 日本国憲法第92条に定められている内容は，私たちの暮らしと密接に関わっており，住民の意見をより反映した政治を行っていることから，地方自治は「民主主義の（　　　）」と呼ばれている。

□ ❼ 1999年に制定された法律によって，国と地方の仕事の関係はどのように変化しましたか。正しいものを，㋐～㋓から選びなさい。（　　　）

㋐ 自治体財政健全化法の制定によって，仕事や財源が地方から国に移されるようになった。
㋑ 自治体財政健全化法の制定によって，仕事や財源が国から地方に移されるようになった。
㋒ 地方分権一括法の制定によって，仕事や財源が地方から国に移されるようになった。
㋓ 地方分権一括法の制定によって，仕事や財源が国から地方に移されるようになった。

ヒント　❶❹裁判は裁判所（司法権）の仕事です。地方公共団体は行政機関です。

ミスに注意　❶❼地方分権の逆で，政治権力を国に集中させることを中央集権といいます。

［解答▶p.12］

【地方自治の仕組み】

❷ 次の問いに答えなさい。

□ ❶ 右の図を見て，次の問いに答えなさい。

① 図の中で，国の政治の仕組みにはない，地方公共団体だけに取り入れられているものを，ア～エから選びなさい。（　　）

② 図中のAについて，次の文の（　）にあてはまる数字をそれぞれ答えなさい。

a（　　） b（　　） c（　　）

都道府県知事の被選挙権は（　a　）歳以上，市（区）町村長の被選挙権については（　b　）歳以上で得られ，任期はいずれも（　c　）年である。

③ 図において，地方公共団体の住民はどのように参政権を行使しますか。正しくないものを，㋐～㋓から選びなさい。（　　）

㋐ 首長を指名する権利を持つ議員を選挙で選ぶ。

㋑ 首長・議員という2種類の代表を選挙で選ぶ。

㋒ 首長に仕事を任せられないと判断した場合は，署名を集めて住民投票を求める。

㋓ 議会が住民の意見に反していると判断した場合は，署名を集めて住民投票を求める。

□ ❷ 地方公共団体が制定する条例の説明として正しいものを，㋐～㋓から選びなさい。（　　）

㋐ 条例案を制定・議決するのは首長である。

㋑ 法的拘束力を持ち，違反者には必ず罰則が課される。

㋒ 一度制定した条例を廃止することはできない。

㋓ 憲法や法律に反する条例を制定することはできない。

□ ❸ 右の表を見て，次の問いに答えなさい。

住民による請求内容	必要な署名（有権者の）	請求先
条例の制定	ア以上	オ
監査請求	イ以上	カ
議会の解散請求	ウ以上※	キ
議員・首長の解職請求	エ以上※	ク

※有権者数が40万人以下の地方公共団体の場合

① 表中のア～エにあてはまる数をそれぞれ答えなさい。

ア（　　） イ（　　）
ウ（　　） エ（　　）

② 表中のオ～クのうち，請求先が同じものを選び，記号で答えなさい。また，その請求先はどこか答えなさい。

記号（　　） 請求先（　　）

③ 表のような，直接民主制の考えを取り入れ，住民に認められている権利を何といいますか。（　　）

ヒント ❷❶②都道府県知事は参議院議員，市町村長は衆議院議員と被選挙権年齢が同じです。

ミスに注意 ❷❶③地方公共団体では，選挙に関して二元代表制を採用しています。

［解答▶p.12］

【 地方公共団体の課題 】

❸ 次の問いに答えなさい。

□ ❶ **資料Ⅰ** を見て，次の問いに答えなさい。

資料Ⅰ　地方財政の歳入(さいにゅう)

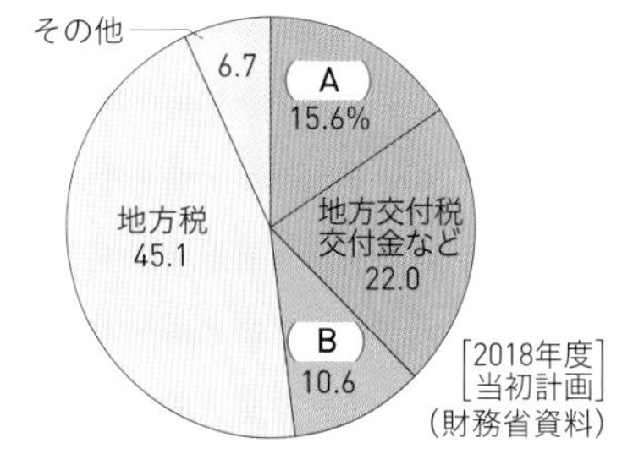

① Aにあてはまる，国から支払(しはら)われる道路整備などの特定の費用の一部を何といいますか。(　　　　　)

② Bにあてはまる，地方公共団体の借金を何といいますか。(　　　　　)

③ **資料Ⅰ** 中の地方交付税交付金とはどのようなお金ですか。簡潔に答えなさい。

(　　　　　　　　　　　　　　　　　　　　　　　　　)

□ ❷ **資料Ⅱ** を見て，次の問いに答えなさい。

資料Ⅱ　市町村合併(がっぺい)による市町村数の推移

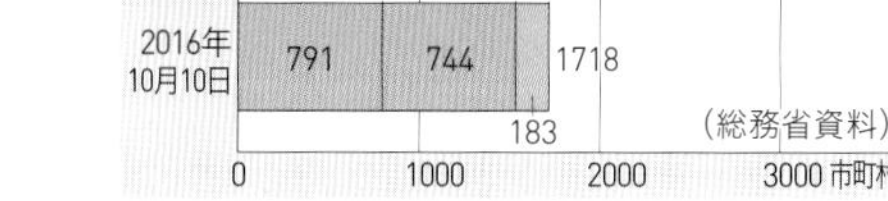

① **資料Ⅱ** から読み取れることとして正しいものを，㋐～㋒から選びなさい。(　　　　　)

㋐ 市・町・村のすべてが数を減らし続けている。

㋑ 市町村全体の合計数は2010年から2016年の間に半数以下となっている。

㋒ 1999年には町が最も多かったが，2016年には市が最も多くなっている。

② 市町村合併が進んだ理由として正しくないものを，㋐～㋓から選びなさい。

(　　　　　)

㋐ 過疎(かそ)化の進展により財政が悪化し，それを安定させようとする動きがあったから。

㋑ 環境(かんきょう)問題など一つの市町村だけでは対応しにくい課題が増えたから。

㋒ 市町村の仕事の効率化を進めようとする動きがあったから。

㋓ 合併を進めれば住民の意見が届きやすくなるから。

【 住民参加の拡大と私たち 】

❹ 次の問いに答えなさい。

□ ❶ これまでに行われた住民投票によって問われた内容として正しくないものを，㋐～㋓から選びなさい。(　　　　　)

㋐ 新しい条約の締結(ていけつ)について　　㋑ 原子力発電所の建設について

㋒ 特別区の導入について　　㋓ 産業廃棄物(はいきぶつ)処理場の建設について

□ ❷ 人々がもうけのためではなく，公共の利益のために集まり，自発的に活動している団体のことを何といいますか。アルファベット３文字で答えなさい。(　　　　　)

ヒント ❹❷日本語では，非営利組織とよばれます。

ミスに注意 ❹❶条約は内閣が締結し，国会がそれを承認(しょうにん)します。

[解答▶p.12]

Step 3 予想テスト　第 3 章 現代の民主政治と社会③

30分

/100点
目標 70点

❶ 次の文を読んで，問いに答えなさい。

国の政治に国会があるように，地方公共団体にも a 地方議会がおかれている。国と似た仕組みであるが，地方自治の特徴としては，住民は b 地方公共団体の 2 種類の代表を選ぶことができ，また c 直接請求(せいきゅう)権を行使できるという点が挙げられる。

□ ❶ 下線部 a について，問いに答えなさい。

① 地方議会の仕事として正しくないものを，㋐～㋓から選びなさい。

㋐ 首長を指名する。　㋑ 地方公共団体の予算を議決する。

㋒ 首長に対し不信任決議を行う。　㋓ 条例を制定する。

② 市町村長と都道府県・市町村議会議員の被(ひ)選挙権が得られる年齢(ねんれい)は同じです。何歳(さい)以上か答えなさい。

□ ❷ 下線部 b のことを何といいますか。漢字 5 字で答えなさい。

□ ❸ 下線部 c について，右の表を見て，次の①・②のような地方公共団体で，それぞれの請求をする際に必要な最低署名者数を答えなさい。技

① 有権者数25万人で，条例の制定を請求する。

② 有権者数30万人で，議会の解散を請求する。

請求内容	必要な署名（有権者の）
条例の制定・改廃(かいはい)請求	50分の 1 以上
監査(かんさ)請求	50分の 1 以上
議会の解散請求	3 分の 1 以上※
議員や首長の解職請求	3 分の 1 以上※

※有権者数が40万人以下の地方公共団体の場合

□ ❹ 市町村長の解職（リコール）の請求先はどこですか。また，必要な数の署名が集まりその署名が有効であると判断された場合，その後どのような取り扱(あつか)いがなされますか。正しいものを，㋐～㋓から選びなさい。

㋐ 市町村長はただちに失職する。

㋑ 市町村がある都道府県知事が同意すれば，市町村長は失職する。

㋒ 住民投票が行われ，過半数の賛成があると市町村長は失職する。

㋓ 地方議会で採決が行われ，過半数の賛成があると市町村長は失職する。

❷ 地方債の発行残高を示している右の資料を見て，次の問いに答えなさい。

□ ❶ 地方公共団体が，地方債(ちほうさい)を資料のように発行し続けた場合，歳出(さいしゅつ)において，将来どのような問題が起きると考えられますか。「返済」という言葉を用いて簡潔に答えなさい。思

□ ❷ 地方公共団体の財政破綻(はたん)を防ぐために，2007年に制定された法律を何といいますか。

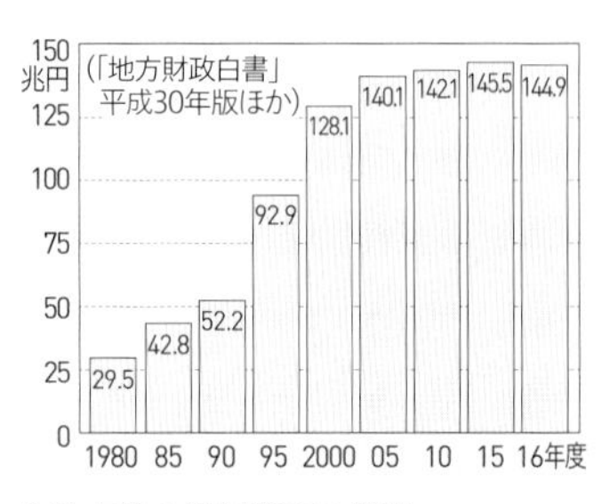

↑地方債の発行残高の推移

❸ 地方財政に関する右の二つの資料を見て，次の問いに答えなさい。 ❷2理由：8点，他各6点

□ ❶ 資料Ⅰから読み取った歳出の変化と，変化の理由として考えられることについて述べた文として正しいものを，㋐～㋓から選びなさい。技

㋐ 高齢化(こうれいか)が進んだため，福祉(ふくし)関連の民生費の割合が増加し続けている。

㋑ 公務員が減ったため，給与(きゅうよ)などの総務費の割合が減少し続けている。

㋒ 子どもの数が増えたため，教育費の割合が増加し続けている。

㋓ 公共事業が増えたため，土木費の割合が増加し続けている。

資料Ⅰ　市（区）町村の歳出の変化

（「地方財政白書」平成30年版ほか）

民生費　総務費　土木費　教育費　衛生費　商工費3.8　消防費1.7　農林水産業費　公債費(こうさい)　その他

1976年度（28.9兆円）　11.3%　9.5　19.1　26.4　6.7　7.5　5.1　8.9

1996年度（51.9兆円）　18.7　12.4　21.9　12.6　9.1　3.7　3.3　2.8　5.4　10.1

2016年度（56.5兆円）　37.2　12.1　11.8　10.2　8.3　3.1　3.3　2.4　1.5　10.1

0　10　20　30　40　50　60　70　80　90　100%

□ ❷ 資料Ⅱについて，次の問いに答えなさい。

① Aにあてはまる語句を答えなさい。また，Aの説明として正しいものを，㋐～㋒から選びなさい。

㋐ 地方公共団体の借金。

㋑ 地方公共団体の間にみられる財政格差を補うために国から支払(しはら)われるお金。

㋒ 特定の活動を行うために用いるという条件で国から支払われるお金。

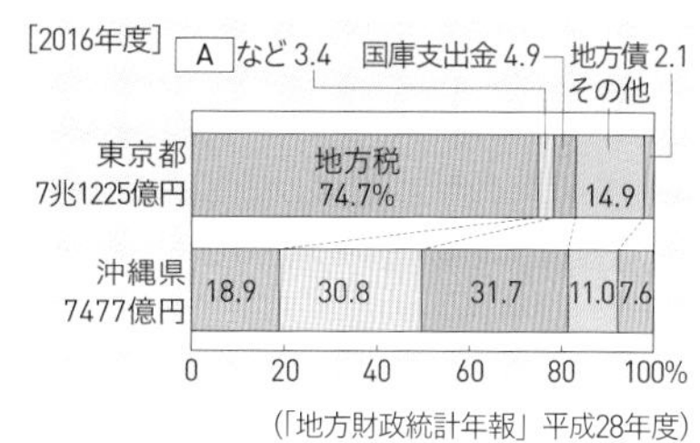

② 地方公共団体独自で使えるお金の割合が少ないのは，東京，沖縄のどちらですか。また，その理由を，国庫支出金の役割をふまえた上で，簡潔に答えなさい。思

③ 人口が大幅に減少すると，税収入が減り，地域社会の機能が低下して住民が一定の生活水準を維持(いじ)することが難しくなります。このような状態を何といいますか。

□ ❸ 近年の地方公共団体の財政についての説明として正しいものを，㋐～㋓から選びなさい。

㋐ 都心部の地方公共団体は人口が増えすぎて歳入が減っている。

㋑ 地方公共団体の多くは，自主財源だけでまかなえている。

㋒ 財政が不安定な地方公共団体が多いため，地方公共団体の業務が国に移されている。

㋓ 財政を安定させるため，市町村が合併(がっぺい)する事例が見られている。

❶　／42点　❷　／14点　❸　／44点

Step 1 基本チェック　第4章 私たちの暮らしと経済①

10分

次の問題に答えよう！　間違った問題には□にチェックをいれて，テスト前にもう一度復習！

❶ 消費生活と市場経済　▶教 p.130-139

解答欄

- □ ❶ 消費生活を営んでいる，家族や個人などの単位を何というか。　❶
- □ ❷ 食品や衣料品など，形のある商品を何というか。　❷
- □ ❸ 娯楽や教育など，形のない商品を何というか。　❸
- □ ❹ 支出のうち，❷や❸などに使う支出を何というか。　❹
- □ ❺ 収入から❹や［非消費支出］を引いた残りを何というか。　❺
- □ ❻ 消費者が自分の意思で商品を選択・購入することを何というか。　❻
- □ ❼ 商品を購入する際，どのような内容の［契約］を，どのような形で結ぶかを自由に選択できる考え方を何というか。▶図1　❼
- □ ❽ 訪問販売などで商品を購入後［8］日以内であれば，消費者が無条件で［契約］を解除することができる制度を何というか。　❽
- □ ❾ 欠陥商品の被害への企業の責任について定めた法律を何というか。　❾
- □ ❿ 商品が［卸売業者］や［小売業者］を経て消費者のもとに届く流れを何というか。　❿

❷ 生産と労働　▶教 p.140-149

- □ ⓫ それぞれが最も得意なものを専門的に生産することを何というか。　⓫
- □ ⓬ ［資本］を基に商品を生産し，それを消費する経済を何というか。　⓬
- □ ⓭ ［公企業］とちがい，［利潤］を出そうとする企業を何というか。　⓭
- □ ⓮ ［株式］発行で資金を集めて作る法人企業を何というか。▶図2　⓮
- □ ⓯ ［株主］が出席し，経営方針などを議決する会議を何というか。　⓯
- □ ⓰ 労働三法の一つで，労働条件の基準を定めた法律を何というか。　⓰

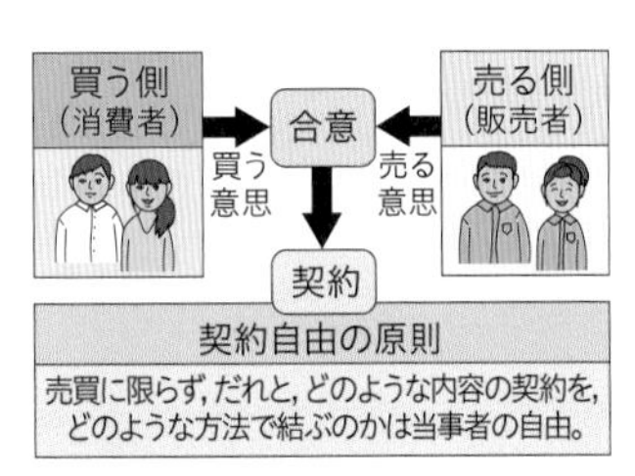

図1 契約までの流れ

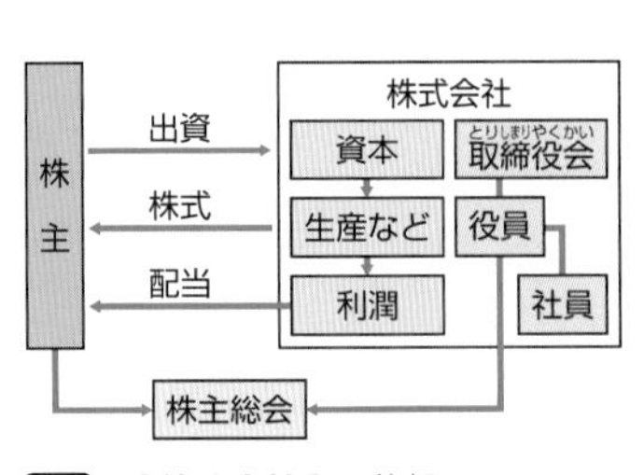

図2 ［株式会社］の仕組み

［解答▶p.14］

Step 2 予想問題 第4章 私たちの暮らしと経済①

1ページ 10分×3

【私たちの消費生活】

❶ 次の問いに答えなさい。

□ ❶ 右の表は，ある家庭における1か月の家計を示したものである。これを見て，問いに答えなさい。

① 消費支出の合計額はいくらか答えなさい。なお，雑費は消費支出に含めるものとします。
( )

② 表中の（ ）にあてはまる言葉を，㋐～㋓から選びなさい。 ( )

㋐ 預金や株式などの非消費支出
㋑ 預金や株式などの貯蓄
㋒ 社会保険料などの非消費支出
㋓ 社会保険料などの貯蓄

③ 表中の「交通・通信費」のうち，交通費などは生活に必要な形のないものです。このような商品を一般に何といいますか。
( )

収入	世帯主の給料	300,000円
支出	食料費	50,000円
	住居費	50,000円
	光熱・水道費	7,000円
	家具・家事用品費	3,000円
	被服及び履物費	9,000円
	交通・通信費	25,000円
	教養娯楽費	20,000円
	交際費	11,000円
	雑費	15,000円
	税金など	53,000円
（ ）		30,000円
その他		27,000円

□ ❷ クレジットカードの説明として正しくないものを，㋐～㋓から選びなさい。 ( )

㋐ 現金を持たずに買い物ができる。
㋑ 消費者は，カード会社に代金を支払っている。
㋒ 商品の代金を前払いすることになる。
㋓ 収入を考え計画的に利用する必要がある。

【契約と消費生活／消費者の権利を守るために】

❷ 右の図を見て，次の問いに答えなさい。

消費者の四つの権利	
1 安全を求める権利	2 知らされる権利
3 選択する権利	4 意見を反映させる権利

↓

消費者の権利（2004年 A ）	
1 安全の確保	2 選択の機会の確保
3 必要な情報の提供	4 教育の機会の提供
5 消費者の意見の反映	6 <u>消費者被害の救済</u>

↑消費者の権利

□ ❶ 右の図の「消費者の四つの権利」は，ある国における消費者問題改善運動の中で主張されました。ある国とはどこですか。㋐～㋓から選びなさい。
( )

㋐ イギリス ㋑ フランス ㋒ アメリカ ㋓ 中国

□ ❷ 図中Aにあてはまる法律の名前を答えなさい。 ( )

□ ❸ 下線部について，消費者が欠陥商品で被害を受けた時に企業に責任があることを定めた法律を何といいますか。 ( )

ヒント ❷❷国や地方公共団体は，消費者が被害にあわないための取り組みをする責務があります。

ミスに注意 ❶❶③食料品や衣料品など，形のある商品は財と呼ばれます。

【消費生活を支える流通】

❸ 右の図を見て，次の問いに答えなさい。

□ ❶ 図中の□にあてはまる語句をそれぞれ漢字２字で答えなさい。

A（　　　）

B（　　　）

□ ❷ この仕組みは，消費者が生産者と直接契約して商品を購入する仕組みと比べて，消費者にとってどのような影響がありますか。「流通」という言葉を用いて簡潔に答えなさい。

（　　　）

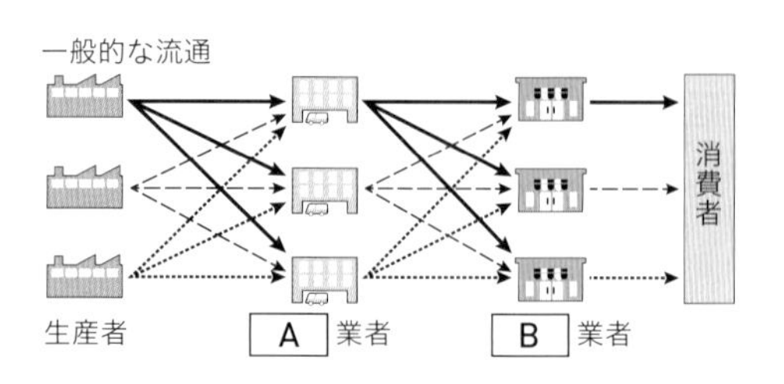

【生産活動と企業／企業の種類】

❹ 次の文を読んで，問いに答えなさい。

生産活動を主に行うのは企業である。企業は，a利潤を目的とする企業とb利潤を目的としない企業に分けられる。また資本金や従業者数によって，c大企業と中小企業に分けられる。最近は，社会貢献活動などd企業の社会的責任を果たすことも重要視されている。

□ ❶ 下線部aについて，企業が資本をもとに財やサービスを生産して利潤を生みだし，さらにその利潤をたくわえて再び資本として利潤を生みだしていくという経済の仕組みを何といいますか。（　　　）

□ ❷ 下線部bのような企業を何といいますか。（　　　）

□ ❸ 下線部cについて，右のグラフは，企業数・従業者数・売上高（非第一次産業）のいずれかを示しています。企業数を示したグラフをA～Cから選びなさい。（　　　）

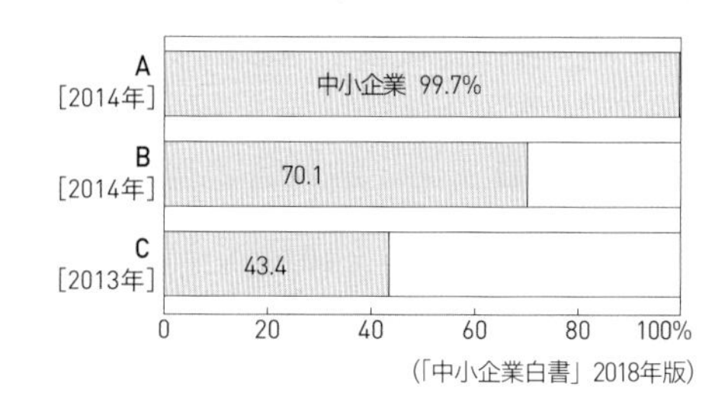

（「中小企業白書」2018年版）

□ ❹ 下線部dについて，これにあてはまる事例として正しくないものを，㋐～㋓から選びなさい。（　　　）

㋐ 文房具の販売に関わる企業が，地域の学校に出前授業を行う。

㋑ 自然食品の販売に関わる企業が，環境保護の取り組みを行う。

㋒ 自動車の販売に関わる企業が，性能の高い自動車を開発する。

㋓ 工芸品の販売に関わる企業が，伝統文化の保全に取り組む。

ヒント ❸❷流通に関わる業者が多くなると，費用（コスト）もその分多くかかります。

ミスに注意 ❹❷これとちがい，利潤を目的とする企業を私企業（民間企業）といいます。

[解答▶p.14]

【株式会社の仕組み】

❺ 次の問いに答えなさい。

□ ❶ 右の写真は，東京にある株式の売買を行う場所です。こうした場所を何といいますか。

（　　　　　　　　　　）

□ ❷ 株式会社の説明として正しいものを，㋐～㋓から選びなさい。

（　　　　）

㋐ 株主は，利潤をすべて配当として受け取る。　㋑ 株主は，すべて直接会社を経営する。

㋒ 株価は，業績などによって変動する。　㋓ 倒産した場合，株主がすべての責任を負う。

【労働の意義と労働者の権利／労働環境の変化と課題】

❻ 次の問いに答えなさい。

□ ❶ 労働三法について，次の法律の説明として正しいものを，㋐～㋒からそれぞれ選びなさい。

① 労働基準法（　　　　）　② 労働組合法（　　　　）　③ 労働関係調整法（　　　　）

㋐ 労働者同士が団結することや，労働条件の向上を使用者に要求することを定めた法律。

㋑ 労働関係の公平性を確保し，労働争議（ストライキ）の予防・解決を目指した法律。

㋒ 労働時間・休日・賃金などの労働条件の最低基準を定めた法律。

□ ❷ **資料Ⅰ**は，主な国の年間労働時間の推移を示しています。このグラフの説明として正しくないものを，㋐～㋓から選びなさい。（　　　　）

㋐ 日本は1985年から2015年までの間，最も年間労働時間が長い国となっている。

㋑ 年間労働時間はどの国も1985年より2015年のほうが短くなっている。

㋒ 1985年と2015年を比べて年間労働時間が最も短くなったのは，日本である。

㋓ 1985年と2015年にかけて年間労働時間の変化が最も少ないのは，アメリカである。

資料Ⅰ　主な国の年間労働時間の推移

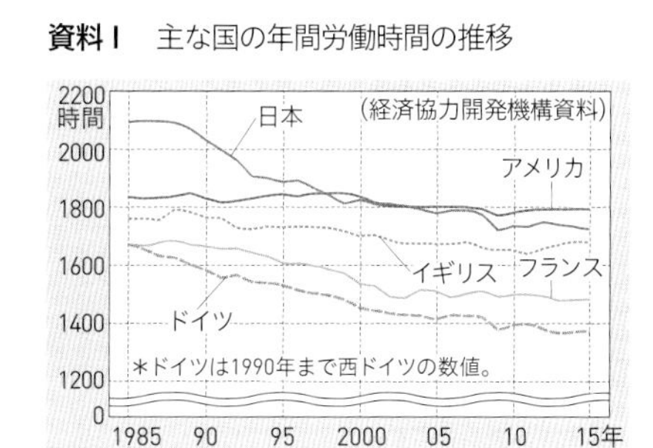

□ ❸ **資料Ⅱ**は，雇用形態別労働者の割合の推移を示しています。年を追うごとにパート・アルバイトなどの非正規労働者の割合が増加していますが，企業側が非正規労働者を多く雇う理由を簡潔に答えなさい。

（　　　　　　　　　　　　　　　　　　　　）

資料Ⅱ　雇用形態別労働者の割合の推移

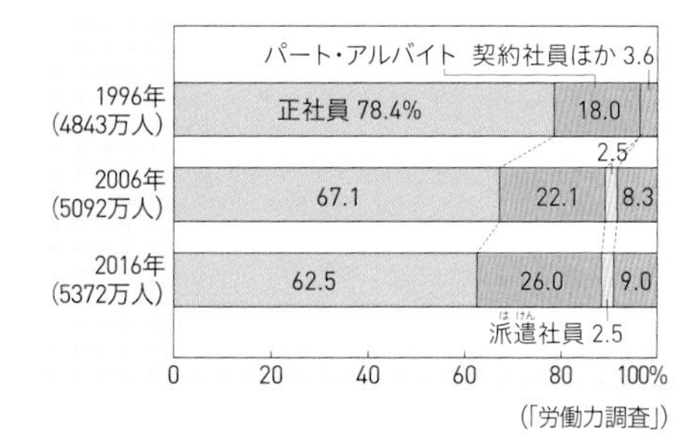

💡 ヒント　❺❷株主は，会社が倒産しても投資した金額以上を負担する必要はありません。

ミスに注意　❻❸非正規労働は働き方が自由な一方で，生活が安定しないという問題もあります。

Step 3 予想テスト 第4章 私たちの暮らしと経済①

30分 /100点 目標 70点

❶ 右の資料を見て，次の問いに答えなさい。

□ ❶ 資料Ⅰの下線部aを担う企業について，次の問いに答えなさい。

① 利潤の追求を目的とする企業を何といいますか。

② 資料Ⅱは企業の代表的な形態の仕組みを示しています。［　　］にあてはまる，このような会社を何といいますか。技

③ 資料Ⅱ中のA～Cにあてはまる語句をそれぞれ答えなさい。

資料Ⅰ

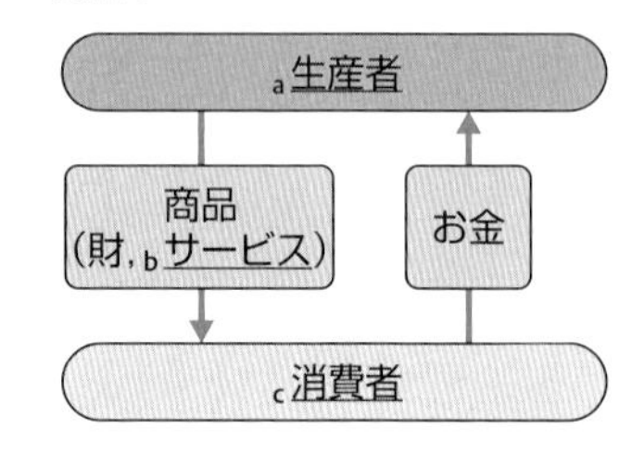

資料Ⅱ

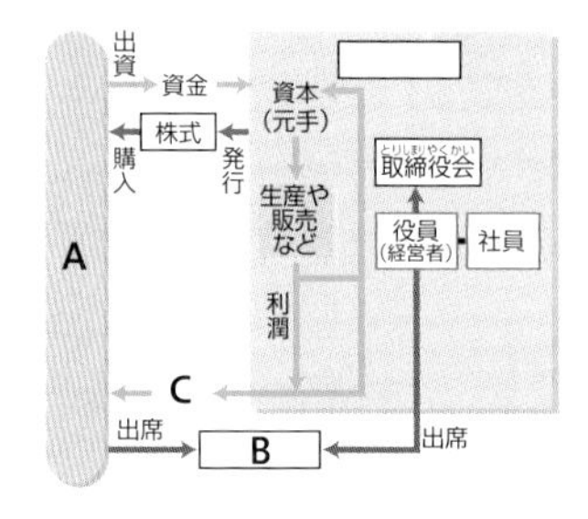

□ ❷ 資料Ⅰの下線部bの購入にあてはまるものを，㋐～㋓から選びなさい。

㋐ 洋服を買う。　㋑ 税金を払う。

㋒ タクシーに乗る。　㋓ 本を買う。

□ ❸ 資料Ⅰの下線部cについて，次の問いに答えなさい。

① 消費者を保護するために，訪問販売などで購入後，8日以内であれば消費者から契約を無条件で解除することができる制度を何といいますか。

② コンビニエンスストアなどで取り入れられている，消費者が商品を購入する際にバーコードを読み取ることでデータを収集するシステムを何といいますか。

❷ 流通に関する右の図を見て，次の問いに答えなさい。

□ ❶ 図中の（　　）に共通してあてはまる語句を漢字2字で答えなさい。技

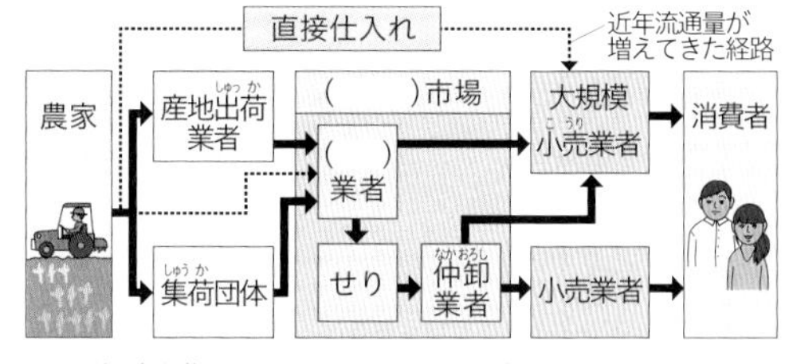

↑野菜が消費者に届くまでの流通の働き

□ ❷ 図中の「直接仕入れ」のように，流通はさまざまな形で合理化が進んでいます。このような事例として正しくないものを，㋐～㋒から選びなさい。

㋐ 効率のため，情報通信技術を用いて商品を管理する。

㋑ 商品を知ってもらうため，せりを何度も実施する。

㋒ 費用削減のため，商品を一括して仕入れる。

□ ❸ 右のグラフは，図中の「小売業者」の販売額の推移を示しています。グラフ中のA～Cにあてはまる小売業者を，㋐～㋒からそれぞれ選びなさい。技

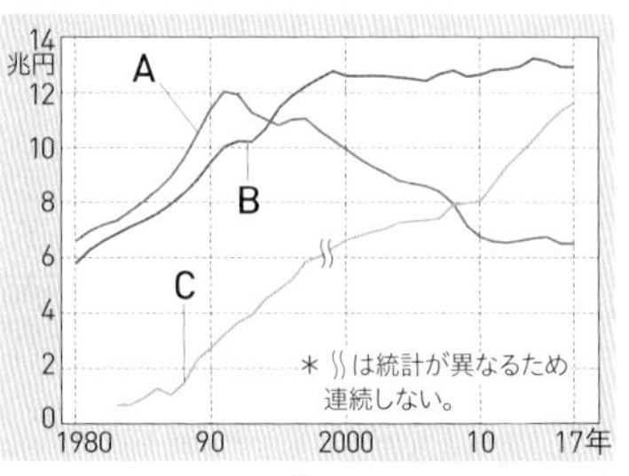

（「商業動態統計調査」ほか）

㋐ 大型スーパーマーケット　㋑ コンビニエンスストア　㋒ 百貨店

❸ 右の資料を見て，次の問いに答えなさい。 各5点

□ ❶ **資料Ⅰ**の求人広告は，二つの点で法律に違反していると考えられます。それぞれ何という法律に，どのような点で違反していますか。法律の名前を明記した上で，簡潔に答えなさい。思

□ ❷ **資料Ⅰ**中の「アルバイト」は，非正規労働の一形態です。非正規労働者の説明として正しくないものを，㋐～㋓から選びなさい。

㋐ 非正規労働者の割合は年々増加している。

㋑ 日本では女性の方が非正規労働者の割合が高い。

㋒ 派遣労働者は非正規労働者の一形態である。

㋓ 正規労働者と同じ仕事をする場合，賃金は同じである。

資料Ⅰ

フロアスタッフ（アルバイト）募集

資格▶女性のみ（年齢は不問）
給与▶時給1000円以上
　　　22時以降1300円以上
時間▶１日３～10時間程度
待遇▶交通費規定内支給
　　　制服貸与　食事あり
応募▶まずはお気軽にお電話を

ファミリーレストラン△△△

□ ❸ 次の**資料Ⅱ・Ⅲ**は，労働三法の一部である。これを見て，問いに答えなさい。

① 条文中の（　）にあてはまる語句をそれぞれ漢字４字で答えなさい。

資料Ⅱ

第２条　この法律で「（　A　）」とは，労働者が主体となって自主的に労働条件の維持改善その他経済的地位の向上を図ることを主たる目的として組織する団体又はその連合団体をいう。

資料Ⅲ

第１条　この法律は，（　A　）法と相俟って，労働関係の公正な調整を図り，（　B　）を予防し，又は解決して，産業の平和を維持し，もつて経済の興隆に寄与することを目的とする。

② **資料Ⅱ・Ⅲ**はそれぞれ何という法律ですか。㋐～㋒から選びなさい。

㋐ 労働基準法　㋑ 労働組合法　㋒ 労働関係調整法

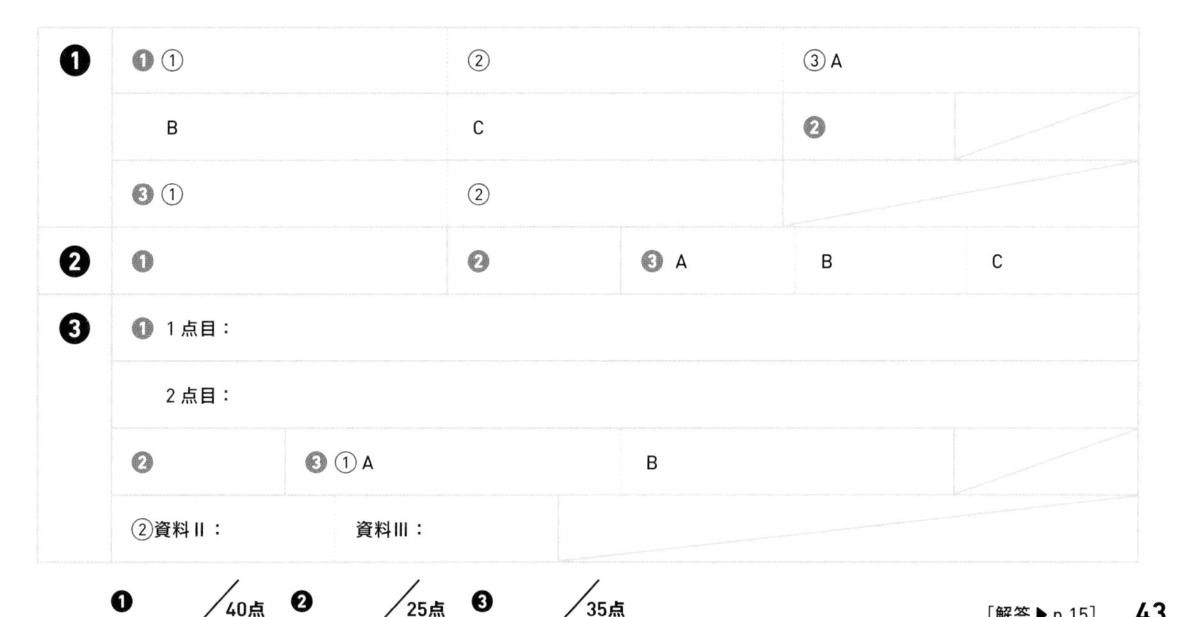

❶	❶①	②	③A		
	B	C	❷		
	❸①	②			
❷	❶	❷	❸A	B	C
❸	❶ 1点目：				
	2点目：				
	❷	❸①A	B		
	②資料Ⅱ：	資料Ⅲ：			

❶ ／40点　❷ ／25点　❸ ／35点

［解答▶p.15］

Step 1 基本チェック　第4章 私たちの暮らしと経済②

10分

次の問題に答えよう！　間違った問題には□にチェックをいれて，テスト前にもう一度復習！

1 市場経済の仕組みと金融

▶ 教 p.150-161

解答欄

- □ ❶ ［需要量］と［供給量］が合うときの価格を何というか。▶ 図1　❶
- □ ❷ 自由な価格の競争をうながすために定められた法律を何というか。　❷
- □ ❸ 国や地方公共団体が決定・認可する価格（料金）を何というか。　❸
- □ ❹ ［金融］のうち，出資者から直接資金を借りることを何というか。　❹
- □ ❺ ［日本銀行］の役割のうち，紙幣を発行する役割を何というか。　❺
- □ ❻ ［物価］が上昇し続ける現象を何というか。　❻
- □ ❼ 通貨と通貨を交換する比率を何というか。　❼

2 財政と国民の福祉

▶ 教 p.162-169

- □ ❽ ［消費税］のように，納税者と担税者がちがう税を何というか。　❽
- □ ❾ 政府が経済活動で提供する，道路や水道などのことを何というか。　❾
- □ ❿ 税金だけでは収入が不足する際，国が発行するものを何というか。　❿
- □ ⓫ ［社会保障］制度のうち，保険料を支払い，高齢になったときや病気になったときなどに給付を受ける制度を何というか。　⓫

3 これからの経済と社会

▶ 教 p.170-178

- □ ⓬ 九州地方の八代海沿岸で発生した四大公害の一つを何というか。　⓬
- □ ⓭ 公害問題への対応から1993年に制定された法律を何というか。　⓭
- □ ⓮ 廃棄物を少なくし，資源を有効に使う社会を何というか。▶ 図2　⓮
- □ ⓯ 国内で一定期間に生産された財やサービスの付加価値の合計を何というか。　⓯

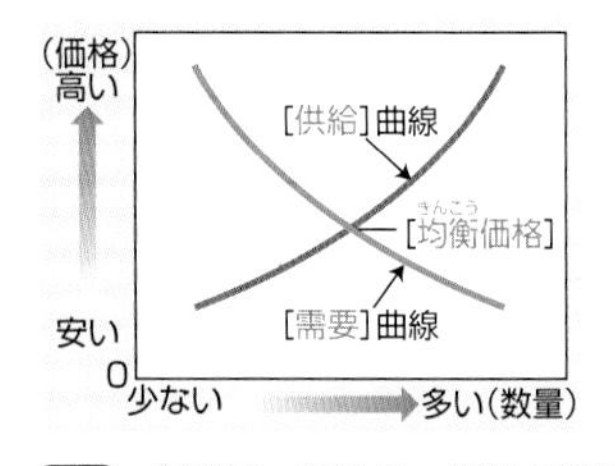

図1 需要量・供給量・価格の関係

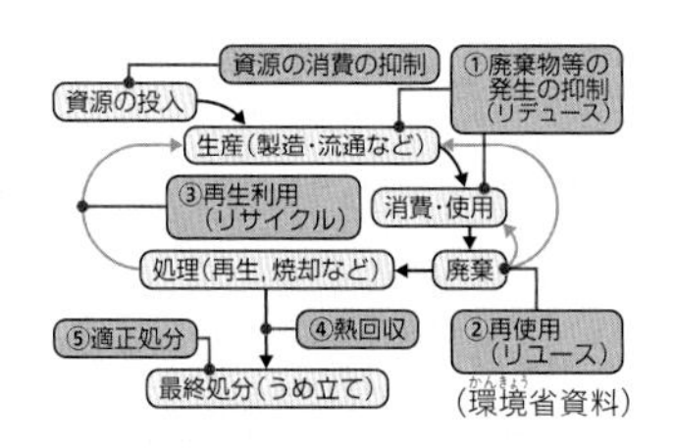

図2 ［循環型社会］の仕組み

価格って市場で決まっていくだけじゃなくて，国や地方公共団体が決めるときもあるんだね。

［解答▶p.16］

Step 2 予想問題　第4章 私たちの暮らしと経済②

1ページ 10分×3

【市場経済と価格の決まり方／価格の働き】

❶ 次の二つの資料を見て，問いに答えなさい。

資料Ⅰ

価格(円)　数量(個)

□ ❶ **資料Ⅰ**を見て，次の問いに答えなさい。

① 消費者が買おうとする量を何といいますか。また，その量と価格の関係を示した曲線を**資料Ⅰ**中のA・Bから選びなさい。

量（　　　　　）　曲線（　　　）

② **資料Ⅰ**中のCのときの価格を何といいますか。

（　　　　　）

③ **資料Ⅰ**の説明として正しいものを，㋐～㋓から選びなさい。（　　　）

㋐ 価格が70円だと商品は売れ残るので，価格は下落する。

㋑ 価格が70円だと商品は不足するので，価格は上昇する。

㋒ 価格が30円だと商品は売れ残るので，価格は上昇する。

㋓ 価格が30円だと商品は不足するので，価格は下落する。

□ ❷ **資料Ⅱ**はトマトとトマトケチャップの価格の動きを示したものです。トマトケチャップの価格がほとんど変わっていない理由を，「安定」という言葉を用いて簡潔に答えなさい。

（　　　　　　　　　　　　　　　　　　）

資料Ⅱ

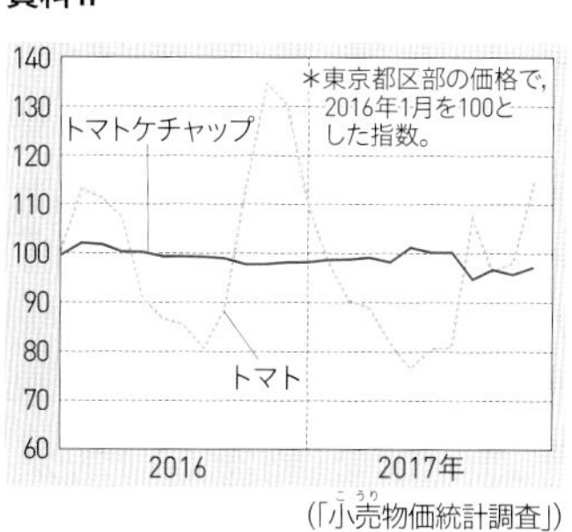

（「小売物価統計調査」）

【貨幣の役割と金融／私たちの生活と金融機関】

❷ 右の図を見て，次の問いに答えなさい。

銀行　a 利子　貸し出し　A　b 利子　個人・企業

□ ❶ 図中のAにあてはまる語句を答えなさい。

（　　　　　）

□ ❷ 図中のaとbで金利が高いのはどちらですか。（　　　）

□ ❸ 図のように，お金を貸す側と借りる側との間に銀行などの金融機関が入り，貸す側から集めたお金を企業(きぎょう)などの借りる側に融通(ゆうずう)することを何といいますか。（　　　　　）

□ ❹ 日本銀行の役割として正しくないものを，㋐～㋓から選びなさい。（　　　）

㋐ 日本銀行券を発行する。　㋑ 企業や個人に国債(こくさい)を販売(はんばい)する。

㋒ 一般の銀行の預金を受け入れる。　㋓ 政府が管理するお金を預かる。

ヒント ❶❶①価格が高くなると，需要量が減少し，供給量が増加します。

ミスに注意 ❷❷ aとbの差額が銀行の収入になります。

【景気と金融政策／グローバル経済と金融】

❸ 次の問いに答えなさい。

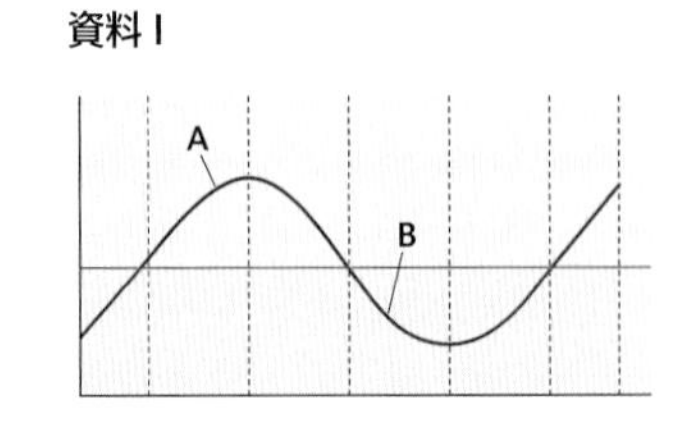

□ ❶ **資料Ⅰ**のように，景気の波が A の時期と B の時期をくり返すことを何といいますか。（　　　　　　）

□ ❷ A の時期は市場の通貨量が増加して経済活動が活発化しますが，この時期に発生しやすくなるインフレーションとはどのような現象ですか。「通貨の価値」「物価」という言葉を用いて簡潔に答えなさい。

（　　　　　　　　　　　　　　　　　　　　　　　　　　）

□ ❸ **資料Ⅱ**は，**資料Ⅰ**の B の時期に日本銀行が行う政策です。この政策によって起こる㋐～㋓の変化を，起こる順に並べかえなさい。

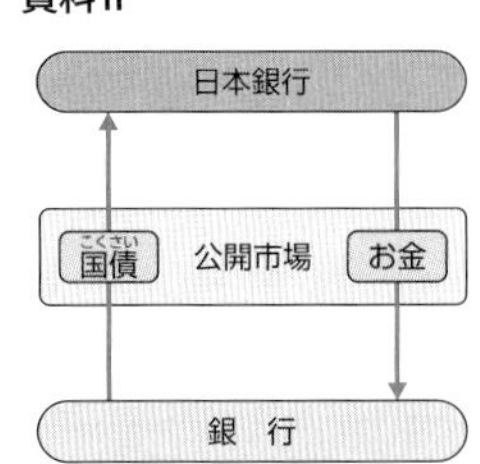

（　　　→　　　→　　　→　　　）

㋐ 企業の生産活動が活発になる。　㋑ 景気が回復へ向かう。

㋒ 銀行の資金量が増える。　㋓ 銀行の貸し出しが増える。

□ ❹ 為替相場（かわせそうば）について，次の文の（　　）にあてはまる語句をそれぞれ答えなさい。

A（　　　　　　）　B（　　　　　　）

1 ドル100円が120円となることを（　A　）といい，1 ドル100円が80円となることを（　B　）という。

【私たちの生活と財政／財政の役割と課題】

❹ 右の表を見て，次の問いに答えなさい。

□ ❶ 表中 A ～ C にあてはまる語句をそれぞれ答えなさい。

A（　　　　　　）

B（　　　　　　）

C（　　　　　　）

	国税	C	
		道府県税	市町村税
（　A　）	所得税 法人税 相続税 贈与税（ぞうよ）	道府県民税 事業税 自動車税	市町村民税 固定資産税 事業所税
（　B　）	消費税 酒税　関税 たばこ税 揮発油税（きはつゆ）	地方消費税 道府県たばこ税 ゴルフ場利用税	市町村たばこ税 入湯税

□ ❷ 下線部の所得税は，所得が多いほど高い税率が適用されます。このような方法を何といいますか。

（　　　　　　）

□ ❸ 政府は，歳入（さいにゅう）や歳出（さいしゅつ）を通じて景気を安定させる財政政策を行います。不景気のときの政策として正しいものを，㋐～㋓から二つ選びなさい。（　　）（　　）

㋐ 減税をする。　㋑ 増税をする。　㋒ 公共投資を増やす。　㋓ 公共投資を減らす。

ヒント ❸❹ A 1 ドル100円から120円になると，円の価値は下がったことになります。

ミスに注意 ❹❶ A・B 納税者と担税者が同じ場合は直接税，ちがう場合は間接税です。

［解答▶p.16］

【社会保障の仕組み／少子高齢化と財政】

❺ 次の問いに答えなさい。

□ ❶ 日本の社会保障制度は，四つの柱から構成されています。次の①〜④にあてはまるものを，㋐〜㋓からそれぞれ選びなさい。

① 保険料を支払い，高齢になったときに年金を受け取る。（　　）

② 公害の対策や感染症の予防を行う。（　　）

③ 生活に困っている人のために生活費を支給する。（　　）

④ 高齢者や障がい者のための施設を建設する。（　　）

㋐ 公的扶助　㋑ 社会保険　㋒ 公衆衛生　㋓ 社会福祉

□ ❷ 日本の人口構成が右の図のように変化すると❶①の社会保障制度を維持するうえで，将来どのような問題が生じると考えられますか。「働く世代」という言葉を用いて簡潔に答えなさい。

（　　　　　　　　）

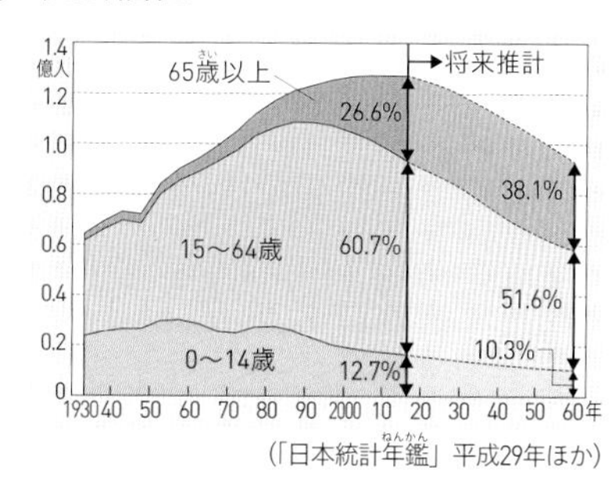

（「日本統計年鑑」平成29年ほか）

↑日本の人口と人口構成の変化

【公害の防止と環境の保全／経済の持続可能性と真の豊かさ】

❻ 次の表を見て，問いに答えなさい。

公害	（ A ）	（ B ）	（ C ）	（ D ）
発生地	新潟県 阿賀野川流域	三重県 四日市市	富山県 神通川流域	熊本県・鹿児島県 八代海沿岸
原因	（ E ）	（ F ）	（ E ）	（ E ）

□ ❶ A〜Dにあてはまる公害をそれぞれ答えなさい。

A（　　　　）　B（　　　　）

C（　　　　）　D（　　　　）

□ ❷ E，Fにあてはまる原因を，㋐〜㋔からそれぞれ選びなさい。

E（　　）　F（　　）

㋐ 地盤沈下　㋑ 大気汚染　㋒ 水質汚濁　㋓ 騒音　㋔ 悪臭

□ ❸ 1967年に制定された四大公害への対策法を発展させて，1993年に定められた法律を何といいますか。（　　　　）

□ ❹ 四大公害が発生した高度経済成長期に，豊かさの指標とされてきた国内総生産をアルファベット3文字で何といいますか。（　　　　）

ヒント ❻❷ E 水俣病は工場の排水にふくまれていたメチル水銀が原因でした。

ミスに注意 ❻❸ 1967年に制定された法律は，公害対策基本法です。

第4章

Step 3 予想テスト

第4章 私たちの暮らしと経済②

30分　/100点　目標 70点

❶ 日本の景気変動に関する次の資料を見て，問いに答えなさい。 各5点

□ ❶ 資料中の（　　）に共通してあてはまる語句を答えなさい。

□ ❷ 資料中の神武景気からいざなぎ景気までの間，日本は高度経済成長による好景気を経験しました。これについて，次の問いに答えなさい。

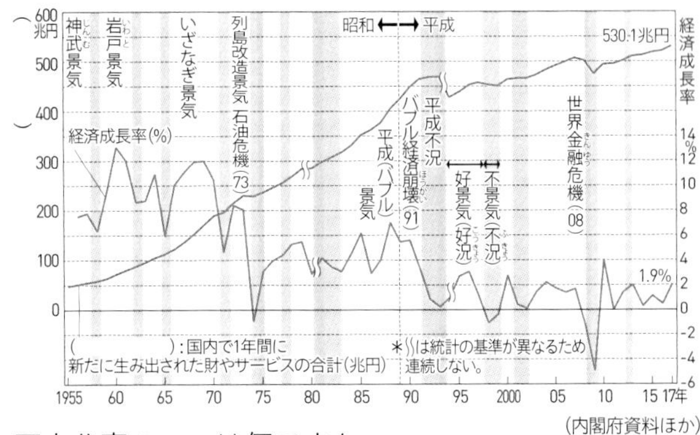

(内閣府資料ほか)

① この時期に，富山県神通川流域での水質汚濁が原因で発生した四大公害の一つは何ですか。

② 好景気のときに日本銀行が行う金融政策として正しいものを，㋐〜㋓から選びなさい。

㋐ 一般の銀行に国債などを売り，市場のお金を増やす。

㋑ 一般の銀行に国債などを売り，市場のお金を減らす。

㋒ 企業や個人に国債などを売り，市場のお金を増やす。

㋓ 企業や個人に国債などを売り，市場のお金を減らす。

□ ❸ 景気変動が為替に与える影響について，次の問いに答えなさい。

① 右の図は円高・円安のときに輸出中心の企業が受ける影響を示しています。A・Bに入る数字を答えなさい。

② 為替が国内産業に与える影響について述べた次の文の（　　）にあてはまる語句を右の図を参考に答えなさい。

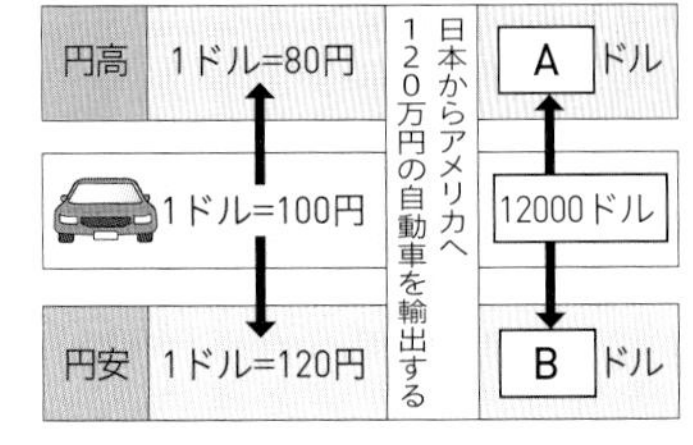

（　　　）が進むと輸出が減少し，産業の空洞化が進む。

❷ 価格について，次の問いに答えなさい。 ❷10点，他各5点

□ ❶ 右のグラフは，ある商品を生産している企業の数を示しています。このように，市場で商品を提供する企業が少ない状態を何といいますか。

□ ❷ 商品を提供する企業が❶や，1社だけの状態だと，消費者にとってどのような不利益がありますか。「価格」という言葉を用いて簡潔に答えなさい。思

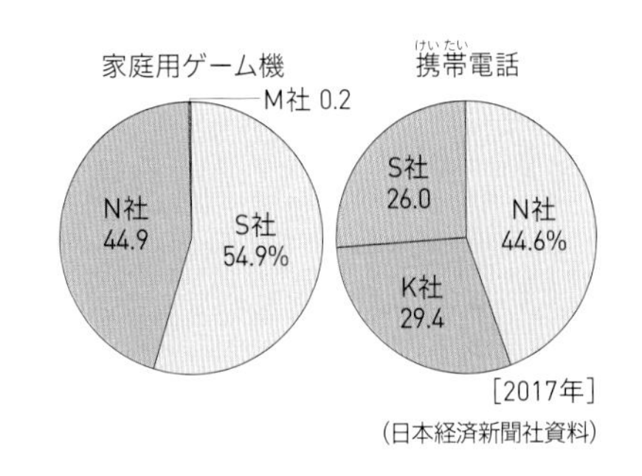

[2017年]
(日本経済新聞社資料)

□ ❸ 消費者が❷のような不利益をこうむらないために，❶のような状態を禁止する法律を何といいますか，また，この法律に基づいて❶の状態が起こらないよう監視，指導を行う機関を何といいますか。

❸ 次の問いに答えなさい。 ❹②10点，他各５点

□ ❶ 以下の条文は，日本国憲法第25条です。これを見て，問いに答えなさい。

> 第25条① すべて国民は，（ A ）で文化的な（ B ）の生活を営む権利を有する。
> ② 国は，すべての生活部面について，社会福祉，社会保障及び公衆衛生の向上及び増進に努めなければならない。

① 条文中の（　　）にあてはまる語句をそれぞれ答えなさい。

② 条文中の下線部の制度にあてはまることとして正しいものを，㋐～㋓から選びなさい。

㋐ 生活に困っている人に生活費を支給する。　㋑ 介護が必要な人の費用を負担する。

㋒ 障がいを持った人に働く場所を提供する。　㋓ 感染症対策のため予防接種を行う。

□ ❷ 次の所得税と税額の計算で，累進課税が適用されているものを，㋐～㋒から選びなさい。

㋐ 所得額100万円の人の税額は５万円，所得額200万円の人の税額は10万円。

㋑ 所得額100万円の人の税額は５万円，所得額200万円の人の税額は５万円。

㋒ 所得額100万円の人の税額は５万円，所得額200万円の人の税額は20万円。

□ ❸ 資料Ⅰは，主な国の国税について，直接税と間接税の比率を示しています。日本の税の中で，グラフ中のＡに分類される税を㋐～㋓から選びなさい。技

㋐ 相続税　㋑ 固定資産税　㋒ 消費税　㋓ 酒税

資料Ⅰ

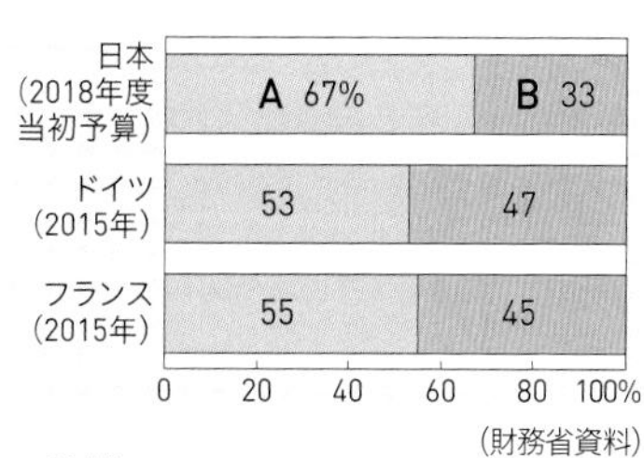

（財務省資料）

□ ❹ 資料Ⅱは，日本の財政の変化を示しています。これについて，次の問いに答えなさい。

① 歳出には，道路・公園など施設の整備や，教育・社会保障などのサービスにかかる費用がふくまれます。政府が提供するこれらをそれぞれ何といいますか。

② 1990年代から2000年代にかけて，国債発行額が増加傾向にある理由を，「歳出」「税収」という言葉を用いて簡潔に答えなさい。

資料Ⅱ

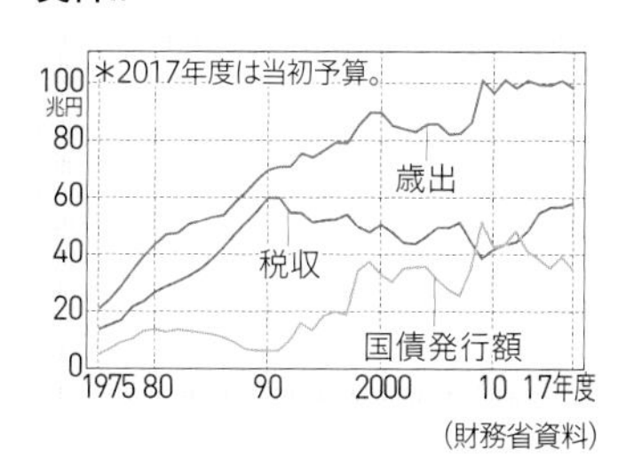

（財務省資料）

❶	❶	❷ ①	②	
	❸ ① A　　ドル	B　　ドル	②	
❷	❶	❷		
	❸ 法律：	機関：		
❸	❶ ① A	B	②	❷
	❸	❹ ①施設：	サービス：	
	②			

❶　　／30点　❷　　／25点　❸　　／45点

［解答▶p.17］

第4章

Step 1 基本チェック　第5章 地球社会と私たち　終章 より良い社会を目指して

10分

次の問題に答えよう！　間違った問題には□にチェックをいれて，テスト前にもう一度復習！

❶ 国際社会の仕組み／さまざまな国際問題

▶ 教 p.182-203

解答欄

- □ ❶ [領土]，[領海]，[領空]で構成される国の範囲を何というか。　❶
- □ ❷ 領海の外側で沿岸から200海里までの水域を何というか。▶ 図1　❷
- □ ❸ 5か国の[常任理事国]と10か国の[非常任理事国]からなる，世界の平和と安全を維持するための国際連合の機関を何というか。　❸
- □ ❹ 国際連合による停戦や選挙の監視などの活動を何というか。　❹
- □ ❺ アジア太平洋地域で開かれる経済協力のための会議を何というか。　❺
- □ ❻ [先進工業国]・[発展途上国]間の経済格差問題を何というか。　❻
- □ ❼ 急速に経済発展が進んでいる，ブラジル，ロシア連邦，インド，中国，南アフリカ共和国を指して何というか。　❼
- □ ❽ 二酸化炭素などの[温室効果ガス]が増えることで起こる[地球環境問題]を何というか。▶ 図2　❽
- □ ❾ 地熱や風力など，二酸化炭素を出さないエネルギーを何というか。　❾
- □ ❿ 発展途上国の商品を公正な価格で取引することを何というか。　❿
- □ ⓫ 居住していた地域を追われ，他国へのがれる人々を何というか。　⓫

❷ これからの地球社会と日本／より良い社会を目指して

▶ 教 p.204-218

- □ ⓬ 国際貢献の一つで，国による発展途上国の開発支援を何というか。　⓬
- □ ⓭ 貴重な自然や文化財を[世界遺産]として保護することを目的にUNESCOの提案で1972年に採択された条約を何というか。　⓭
- □ ⓮ 環境が保全され，現在の世代の幸福と将来の世代の幸福が両立できる社会を何というか。　⓮

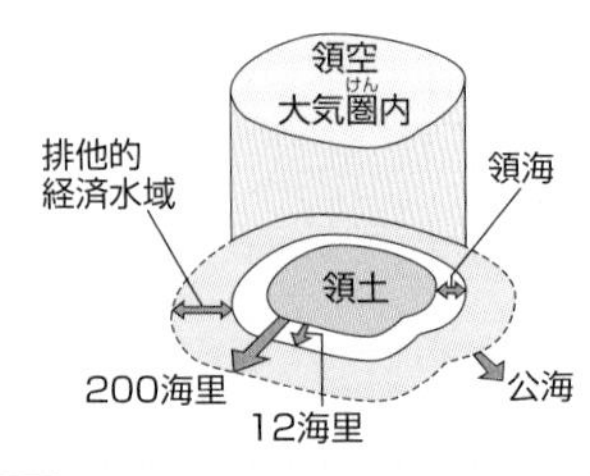

図1 [領域]と[排他的経済水域]

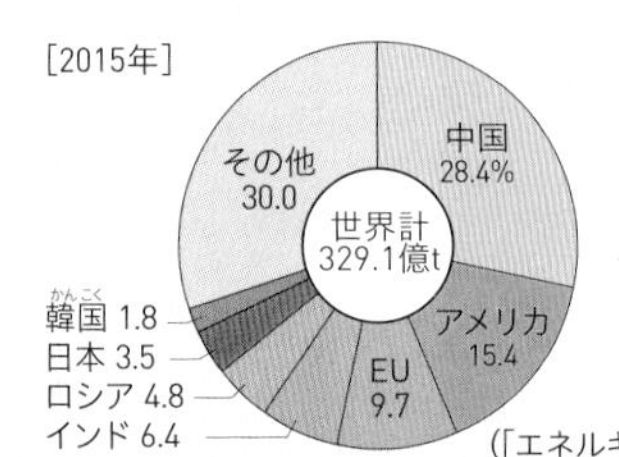

（「エネルギー・経済統計要覧」2018年版）

図2 世界の[二酸化炭素]排出量

17の領域からなる持続可能な開発目標（SDGs）を達成するためには，一人一人が課題意識を持って行動することが必要だね。

[解答 ▶ p.18]

Step 2 予想問題　第 5 章 地球社会と私たち　終章 より良い社会を目指して

1ページ 10分×3

【国際社会における国家／領土をめぐる問題の現状　問題の解決に向けて】

❶ 次の問いに答えなさい。

□ ❶ 右の図中の（　　）にあてはまる語句をそれぞれ答えなさい。

（①）
（②）
（③）
12海里
（④）
公　海
200海里
干潮時の海岸線

①（　　　　　　）　②（　　　　　　）
③（　　　　　　）　④（　　　　　　）

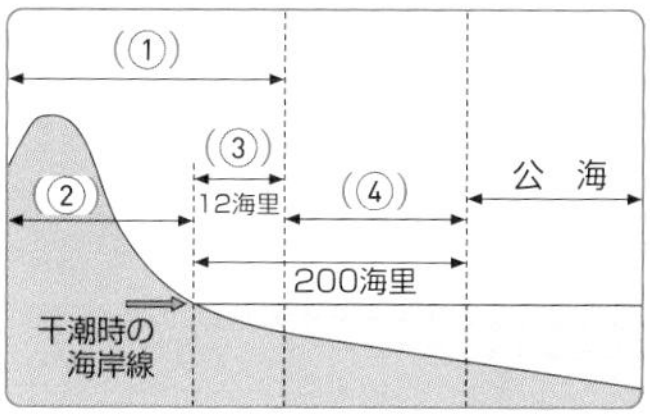

□ ❷ 次の A ～ C で説明されている地域にあたる，日本固有の領土をそれぞれ答えなさい。

A 日本はソ連に引き続きロシア連邦（れんぽう）に返還（へんかん）を求めている。

B 中国が領有権を主張している。

C 韓国（かんこく）が不法に占拠し，日本は抗議（こうぎ）を続けている。

A（　　　　　　）　B（　　　　　　）　C（　　　　　　）

【国際連合の仕組みと役割】

❷ 次の問いに答えなさい。

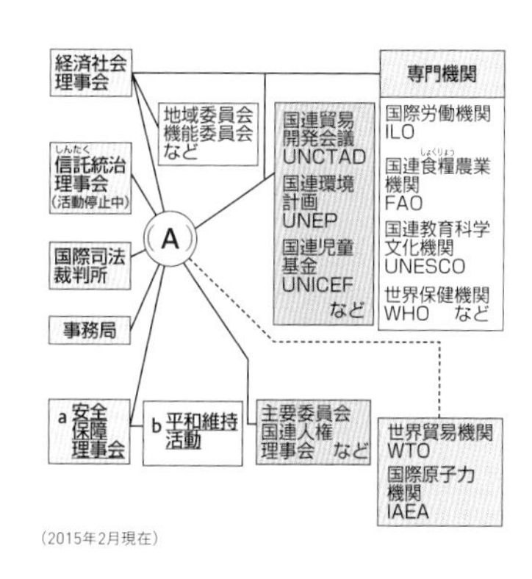

（2015年2月現在）

□ ❶ 右の図は何という組織の仕組みを示していますか。漢字 4 字で答えなさい。（　　　　　　）

□ ❷ 図中 A にあてはまる語句を答えなさい。（　　　　　　）

□ ❸ 図中の下線部 a の安全保障理事会では，重要な問題について 1 か国でも反対すると決議できません。常任理事国が持つこの権利を何といいますか。（　　　　　　）

□ ❹ 図中の下線部 b について，近年では2018年の活動があり，この活動には日本の自衛隊も参加しました。この国の名前を，㋐～㋓から選びなさい。（　　　）

㋐ イラク　㋑ 南スーダン　㋒ バングラデシュ　㋓ ブラジル

□ ❺ 右の資料は，2015年に❶の加盟国すべてが賛成して採択（さいたく）された，2030年までに達成することを目指した目標です。これを何といいますか。（　　　　　　）

ヒント ❶❶④この水域では，沿岸国に漁業資源や鉱産資源を利用する権利があります。

ミスに注意 ❷❶第一次世界大戦後に成立したのは国際連盟で，略称は同じ「国連」です。

［解答▶p.18］

【地域主義の動き／新興国の台頭と経済格差】

❸ 次の二つの地図を見て，問いに答えなさい。

地図Ⅰ

(2020年7月現在)

A　B　C　D　E　F

□ ❶ **地図Ⅰ**を見て，次の問いに答えなさい。

① A～Fにあてはまる組織の名称を，㋐～㋕からそれぞれ選びなさい。

㋐ APEC　㋑ MERCOSUR　㋒ ASEAN

㋓ EU　㋔ USMCA　㋕ AU

A（　　）　B（　　）

C（　　）　D（　　）　E（　　）　F（　　）

② Aの多くの加盟国が導入している共通通貨を何といいますか。（　　）

③ Dの多くの国が参加している，環太平洋地域で，貿易の自由化などを目指して調印された協定を何といいますか。（　　）

□ ❷ **地図Ⅱ**を見て，次の問いに答えなさい。

地図Ⅱ

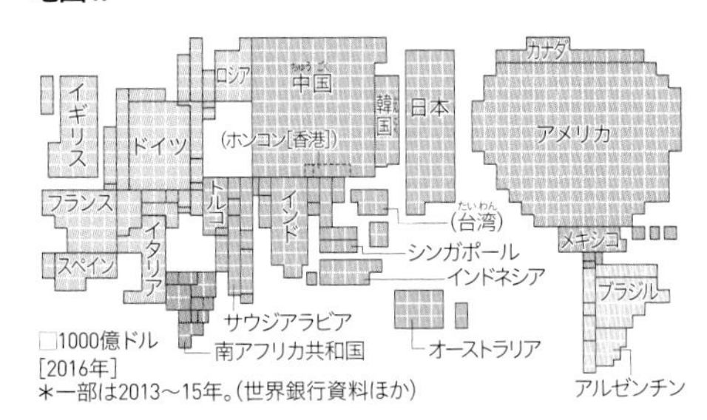

① **地図Ⅱ**は世界をある指標で表したものです。この図で表されている南北問題について，「北半球」「南半球」という言葉を用いて簡潔に答えなさい。

（　　）

② **地図Ⅱ**の韓国やシンガポールなどは近年経済が大きく発展しています。このような国や地域を何といいますか。（　　）

【地球環境問題／資源・エネルギー問題】

❹ 次の問いに答えなさい。

□ ❶ 右の写真は何という地球環境問題の影響によるものですか。

（　　）

□ ❷ 地球環境問題が話し合われた以下の会議を，古いものから順に並べかえなさい。（　　→　　→　　）

㋐ 国連人間環境会議　㋑ 地球温暖化防止京都会議　㋒ 国連環境開発会議(地球サミット)

□ ❸ エネルギー問題の説明として正しくないものを，㋐～㋓から選びなさい。（　　）

㋐ 化石燃料は埋蔵地域にかたよりがあり，採掘できる年数も限られている。

㋑ エネルギー消費量は，中国やインドなどの途上国で急速に増えている。

㋒ 東日本大震災以後，日本のエネルギー供給における原子力発電の割合は激減した。

㋓ 再生可能エネルギーを利用した発電は費用が安く，安定して供給することができる。

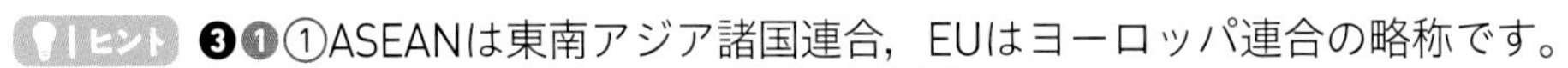

ヒント ❸❶①ASEANは東南アジア諸国連合，EUはヨーロッパ連合の略称です。

ミスに注意 ❸❶③自由貿易協定をFTA，経済連携協定をEPAといいます。

[解答▶p.18]

【貧困問題／新しい戦争／難民問題】

❺ 次の問いに答えなさい。

□ ❶ 右のグラフは，地域別の将来の人口予測を示しています。これを見て，次の問いに答えなさい。

① 現在最も人口が多い地域はどこですか。
（　　　　　　　　）

② これからの人口が最も多く増加していくと予想される地域はどこですか。（　　　　　　　　）

（「国連世界人口予測」）

□ ❷ 貧困問題解決のため，貧しい人に少額のお金を貸し出して事業の立ち上げを支援する取り組みが行われています。これを何といいますか。

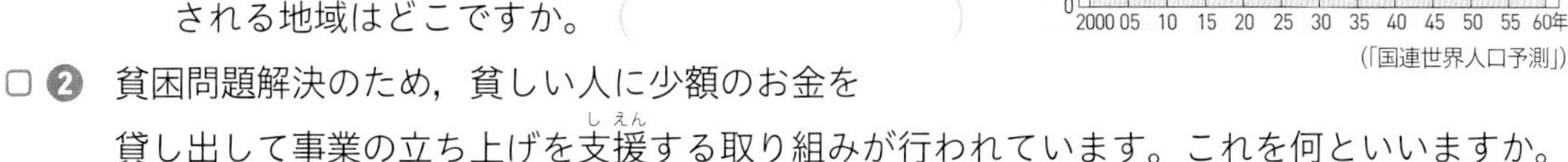

（　　　　　　　　）

□ ❸ 核軍縮を進める条約の一つである核拡散防止条約の内容として正しいものを，㋐～㋓から選びなさい。（　　　）

㋐ すべての国が核兵器を持つことを禁止する。
㋑ 新たな核兵器をつくることを禁止する。
㋒ 核兵器による実験をすることを禁止する。
㋓ 核兵器を保有する国以外が新たに核兵器を持つことを禁止する。

□ ❹ 難民問題解決のために1950年に設立された国連難民高等弁務官事務所の略称を，㋐～㋓から選びなさい。（　　　）

㋐ UNICEF　㋑ UNHCR　㋒ UNESCO　㋓ UNEP

【世界と協力する日本／より良い地球社会を目指して／より良い社会を目指して】

❻ 次の問いに答えなさい。

□ ❶ 右のグラフは主な先進国の政府開発援助（ODA）を示しています。日本とアメリカに共通する特徴を，他国と比較した上で簡潔に答えなさい。

（　　　　　　　　　　　　　　　　）

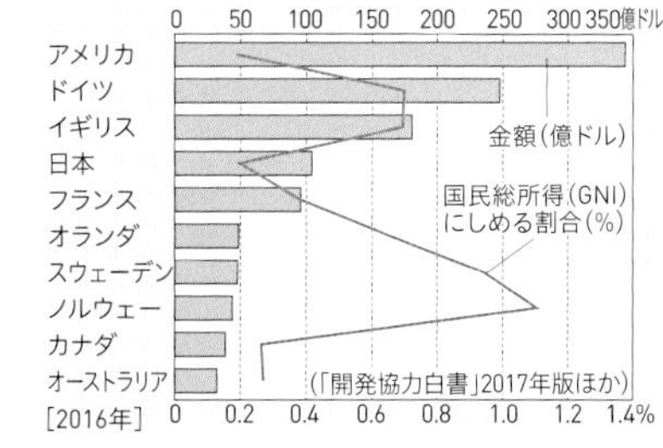

（「開発協力白書」2017年版ほか）

□ ❷ 世界遺産の登録を行っている国際連合の機関を，㋐～㋓から選びなさい。（　　　）

㋐ UNICEF　㋑ UNHCR　㋒ UNESCO　㋓ UNEP

□ ❸ 現代社会の課題解決のために必要なこととして正しくないものを，㋐～㋓から選びなさい。（　　　）

㋐ 正確な情報を得ること。　㋑ さまざまな人々と協力すること。
㋒ 想像力を働かせること。　㋓ 自分のためだけに行動すること。

ヒント ❻❸想像力を働かせることでさまざまな課題を「自分事」としてとらえることができます。

ミスに注意 ❺❹UNはUnited Nationsの略で，これがつくものはすべて国際連合の機関です。

［解答▶p.18］

Step 3 予想テスト　第5章 地球社会と私たち／終章 より良い社会を目指して

30分　/100点　目標 70点

❶ 次の三つの資料を見て，問いに答えなさい。 ❷①10点，他各5点

□ ❶ **資料Ⅰ**は，国際連合を運営するための分担金の比率を示しています。この資料について述べた文として正しいものを，㋐～㋓から選びなさい。技

㋐ どの国も，負担の割合は等しくなっている。

㋑ 上位5か国の割合は，全体の約半分を占めている。

㋒ 上位5か国は，安全保障理事会の常任理事国である。

㋓ 上位10か国は，ユーラシア大陸にある国である。

資料Ⅰ

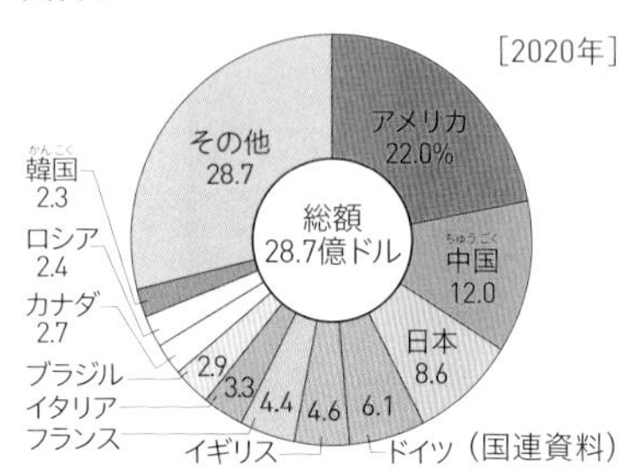

□ ❷ 日本の領土について，次の問いに答えなさい。

① **資料Ⅱ**は，日本の最南端にある沖ノ鳥島の一部です。現在護岸工事に加え港の建設が進められている理由を簡潔に答えなさい。思

② 日本の最北端にあたる領土を現在実効支配している国はどこですか。

資料Ⅱ

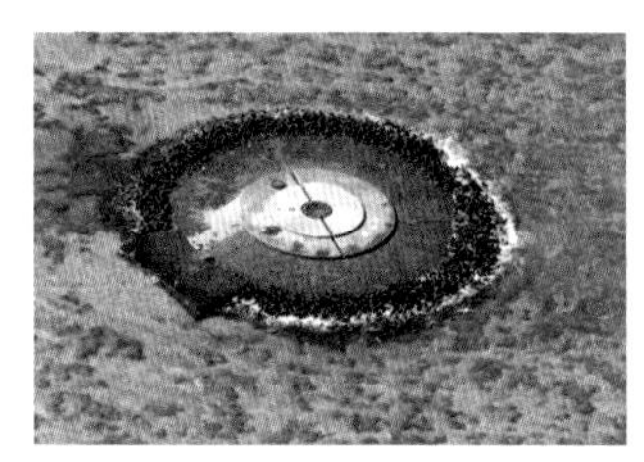

□ ❸ **資料Ⅲ**を見て，次の問いに答えなさい。

① **資料Ⅲ**にある日本とアメリカ以外の国は，2000年代に急速に経済成長した国です。これらの五つの国を合わせて何といいますか。技

② **資料Ⅲ**の日本とアメリカがどちらも参加している地域組織を㋐～㋓から選びなさい。

㋐ USMCA　㋑ APEC　㋒ TPP11　㋓ ASEAN

資料Ⅲ

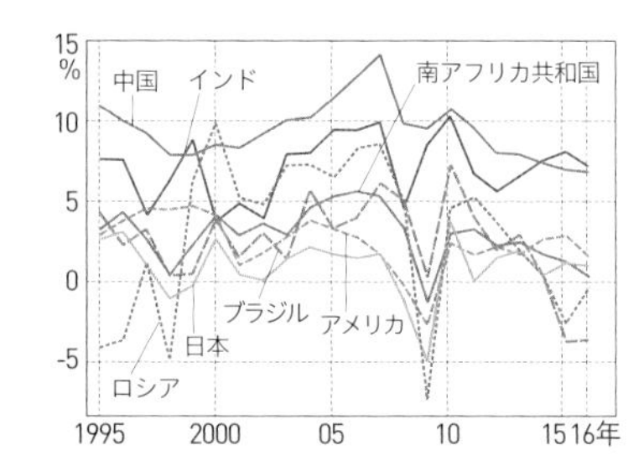

↑主な国の経済成長率の推移

（世界銀行資料）

❷ 次の問いに答えなさい。 各5点

□ ❶ 次の文中の（　　）にあてはまる語句をそれぞれ漢字2字で答えなさい。

世界の人口のうち約10%(2015年現在)は，1日あたり1.9ドル未満で生きる（　A　）の状態にある。また，発展途上国を中心に約8億人(2014～16年現在)は栄養不足である（　B　）状態である。

□ ❷ 紛争問題や難民問題についての説明として正しいものを，㋐～㋓から選びなさい。

㋐ 各国政府の平和への取り組みによって，テロリズムは減少している。

㋑ 核拡散防止条約が結ばれて以降，核保有国以外で核開発を進めている国はない。

㋒ 近年，ヨーロッパを追われた難民を中東諸国が受け入れる流れが加速している。

㋓ UNHCRは難民を保護するだけでなく，教育支援や職業訓練なども行っている。

□ ❸ 現代の国際社会における，一人一人の人間の生命・人権を大切にしようという考え方を何といいますか。

❸ 次の二つの資料を見て，問いに答えなさい。 ❶③10点，他各5点

□ ❶ **資料Ⅰ**は世界の二酸化炭素排出量の割合を示しています。これを見て，次の問いに答えなさい。

① 二酸化炭素など地球温暖化の原因となっている気体の総称を何といいますか。

② 1997年に日本で開催された会議で採択された，先進国に①の排出削減を義務付けた議定書を何といいますか。

③ ②においては，**資料Ⅰ**中Aの国やインドなどの途上国と，Bの国などの先進国との対立が課題となり，Bの国は②から離脱する結果となりました。先進国がAの国やインドに対して不満を持った理由について，次の文の（　　）にあてはまる内容を，簡潔に答えなさい。思

Aの国やインドなどの途上国は①の排出量が増加しているにもかかわらず(　　　)から。

④ **資料Ⅰ**中A・Bにあてはまる国をそれぞれ答えなさい。技

⑤ 産業革命前からの気温上昇を地球全体で2度未満に抑えることを目標として2015年に採択された協定は何ですか。

資料Ⅰ

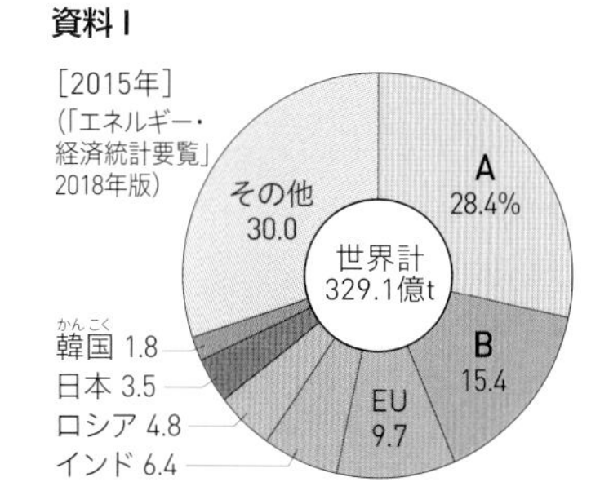

□ ❷ **資料Ⅱ**は，日本のエネルギー供給割合の推移を示しています。これを見て，次の問いに答えなさい。

資料Ⅱ

(総供給量:10^{16}J)（「総合エネルギー統計」）

年（総供給量）	石油	石炭	天然ガス	原子力	水力	太陽光・風力・地熱など
1960年 (422)	37.6%	41.2	0.9		15.7	4.6
1970年 (1242)	69.9	21.3	1.3	0.4	6.0	1.1
1980年 (1592)	64.6	17.6	6.4	4.9	5.4	1.1
1990年 (1966)	56.0	16.8	10.7	9.6	4.2	2.7
2000年 (2276)	49.0	18.5	13.8	12.6	3.4	2.7
2010年 (2207)	40.0	22.6	19.2	11.3	3.2	3.7
2016年 (1984)	39.7	25.4	23.8	0.8	3.3	7.0

① **資料Ⅱ**の説明として正しいものを，㋐～㋓から選びなさい。技

㋐ エネルギー総供給量は，年々増加している。

㋑ 再生可能エネルギーの割合が近年増加している。

㋒ 高度経済成長期，原子力発電の割合が急増した。

㋓ 火力発電の割合が最も高いのは，2016年である。

② 2011年に起こった東日本大震災が，日本のエネルギー政策に与えた影響について述べた次の文の（　　）にあてはまる語句を，**資料Ⅱ**中から選んで答えなさい。

（　　　）発電の安全性が問題視され，（　　　）によるエネルギー供給量が激減した。

③ 資源やエネルギー問題に取り組むことで解決につながる問題を，㋐～㋓から選びなさい。

㋐ 難民問題　㋑ 情報格差問題　㋒ 地球環境問題　㋓ 宗教間の対立の問題

❶　／30点　❷　／20点　❸　／50点

[解答▶p.19]

テスト前 ☑ やることチェック表

① まずはテストの目標をたてよう。頑張ったら達成できそうなちょっと上のレベルを目指そう。
② 次にやることを書こう（「ズバリ英語〇ページ，数学〇ページ」など）。
③ やり終えたら□に✓を入れよう。
最初に完ぺきな計画をたてる必要はなく，まずは数日分の計画をつくって，
その後追加・修正していっても良いね。

目標

	日付	やること 1	やること 2
2週間前	/	□	□
	/	□	□
	/	□	□
	/	□	□
	/	□	□
	/	□	□
	/	□	□
1週間前	/	□	□
	/	□	□
	/	□	□
	/	□	□
	/	□	□
	/	□	□
	/	□	□
テスト期間	/	□	□
	/	□	□
	/	□	□
	/	□	□
	/	□	□

QRコードのページに登録すると，「ぴたリンク」からも表をダウンロードできるよ

テスト前 ☑ やることチェック表

① まずはテストの目標をたてよう。頑張ったら達成できそうなちょっと上のレベルを目指そう。
② 次にやることを書こう（「ズバリ英語〇ページ，数学〇ページ」など）。
③ やり終えたら□に✓を入れよう。
最初に完ぺきな計画をたてる必要はなく，まずは数日分の計画をつくって，
その後追加・修正していっても良いね。

目標

	日付	やること 1	やること 2
2週間前	／	□	□
	／	□	□
	／	□	□
	／	□	□
	／	□	□
	／	□	□
	／	□	□
1週間前	／	□	□
	／	□	□
	／	□	□
	／	□	□
	／	□	□
	／	□	□
	／	□	□
テスト期間	／	□	□
	／	□	□
	／	□	□
	／	□	□
	／	□	□

QRコードのページに登録すると，「ぴたリンク」からも表をダウンロードできるよ

東京書籍版 社会公民 定期テスト ズバリよくでる 解答集

第1章 現代社会と私たち

p.2 Step 1

❶ 社会参画 ❷ グローバル化
❸ 国際分業 ❹ 食料自給率
❺ 少子高齢(こうれい)化 ❻ 情報化 ❼ 情報モラル
❽ 文化財保護法 ❾ 多文化共生
❿ 社会集団 ⓫ 公正

p.3-5 Step 2

❶ ❶ ㋓ ❷ 社会参画 ❷ ❶ a ア b イ c イ
❷ 国際競争
❸ 1980年 韓国(かんこく)・朝鮮(ちょうせん) 2017年 中国(ちゅうごく)
❹ 多文化共生
❸ ❶ イ ❷ 例 0～14歳(さい)の人口が少なく，65歳以上の人口が多いから。
❸ 合計特殊出生率(とくしゅしゅっしょう) ❹ ㋓
❹ ❶ ㋐ ❷ 人工知能（AI） ❸ 電子マネー
❺ ❶ ① ㋒ ② 年中行事
❷ b 琉球(りゅうきゅう)文化 c アイヌ文化
❸ ユニバーサルデザイン
❻ ❶ ① 決まり（ルール） ② 権利 ❷ ① 多数決
② 例 決定に時間がかかることがある。

考え方

❶ ❶ 持続可能性の視点では，現代の世代だけでなく将来の世代にも配慮する必要がある。
❷ 持続可能な社会の実現を目指すためには，多くの人の社会参画が必要である。

❷ ❶ a b c えびの自給率は4％と最も低く，小麦と大豆の半分以上はアメリカから輸入している。天ぷらそばの材料のうち国産品は半分もないため，食料自給率は低いといえる。
❷ 競争の結果，効率化が進んで産業が発達したり，科学技術が発展したりする。
❸ 日本で暮らす外国人は韓国・朝鮮の人が多かったが，近年は中国の人も増えている。
❹ 近年は，多文化共生に配慮して，標識や案内板に外国語の表記があるものもある。

❸ ❶ ❷ 現代は少子高齢社会のため，イが正解。「0～14歳」の子どもの数が少なく，「65歳以上」の高齢者の数が多いことが書けていれば正解。
❸ 合計特殊出生率が2以下の場合，人口は減少に転じることになる。
❹ 1950年の男性の平均寿命は50歳代後半であるため，2017年の81.09歳はおよそ20年長くなったといえる。

❹ ❶ インターネットによりたくさんの情報を入手したり共有したりできるようになったが，インターネット上の情報は不正確なものも多いので，注意が必要である。
❷ AIはArtificial Intelligenceの略。
❸ 電子マネーとはお金を電子化し，カードなどにその機能を持たせたもの。

❺ ❶ ① ㋐は七夕で毎年7月，㋑は花祭りで毎年4月，㋓はお盆(ぼん)で毎年7～8月に行われる。
② 年中行事は伝統文化の一つである。
❷ b c 日本の文化は地域ごとに大きなちがいがある。特に沖縄や奄美群島を中心として栄えた琉球文化や，北海道や樺太(サハリン)などに住んでいるアイヌによるアイヌ文化は独特の文化である。これらの文化が，日本の伝統的な文化を豊かにしている。
❸ ユニバーサルは「一般的な」という意味で，年齢や性別，障がいの有無にかかわらず誰もが使用できるデザインをユニバーサルデザインという。

❻ ❶ ① ② 人はそれぞれ考え方がちがうため，常に対立が生じる。社会集団においては，この対立を防ぐために決まりを作っている。決まりによってたがいの権利が尊重され，保障されるため，私たちはこの決まりを守り，社会集団の秩序(ちつじょ)を保っている。
❷ 全会一致は，意見が割れる場合決定に時間がかかる。そのため現代では多数決で物事を決めることが多い。②は物事がなかなか決まらないことが書けていれば正解。

p.6-7 **Step ❸**

❶ ① **情報リテラシー** ② ① **米** ② **果実**
③ ① ㊁
② 例 **医学の発達によって，平均寿命(じゅみょう)がのびたから。**
④ ① **核家族(かくかぞく)** ② **単独世帯**
⑤ **東日本大震災(しんさい)**

❷ ① **伝統文化** ② ① ㊂ ② ㊀ ③ ㊁
③ 例 **あとをつぐ若い人が減ったから。**
④ **もったいない** ⑤ **ダイバーシティ**

❸ ① **責任** ② A **イ** B **イ** C **ア**
③ 例 **(一人が反対しただけで決定できず,) 決定に時間がかかることがあるから。**

考え方

❶ ① インターネットなどを通じてもたらされるさまざまな情報には，正しいものも誤(あやま)っているものもふくまれているので注意が必要。そのため，情報を正しく活用できるような情報リテラシーを習得する必要がある。また，同時に情報を正しく利用していく態度として情報モラルも重要である。
② ① 米は日本の主食になっているため，自給率はほかの品目と比べて高い水準にある。
② 食料全体で輸入量が増えているため，いずれの品目も自給率が低下傾向(けいこう)にあるが，特に果実が大きく減少している。
③ ① 少子高齢化が進むと，社会保障の負担が増えたり，過疎(かそ)が進行して社会生活の維持が困難になる地域が増えたりする。また，出生数が減少して死亡数より低くなると，人口が減少していく問題が起きる。
② 先進国では医学が発達しているため国民が長生きできるようになり，平均寿命がのびる，ということが書けていれば正解。
④ ① 日本では，かつて祖父母(そふぼ)と父母，子どもからなる三世代世帯が多かったが，第二次世界大戦後減少し，代わって親と子ども，もしくは夫婦だけの核家族世帯が増加した。
② 一人で暮らす単独世帯の割合が最も多い近年は，中でも一人暮らしの高齢者を地域でどのように支えるか，という課題がある。
⑤ 東日本大震災の発生は，ハザードマップの作成や，原子力発電のありかたなどを考えるきっかけとなった。

❷ ① 能や歌舞伎など専門家が受けつぐ文化だけでなく，衣食住や冠婚葬祭など，人々に受けつがれてきた生活文化もふくまれる。
② ① 端午の節句では，毎年5月，こいのぼりやかぶとを飾る風習が見られる。②先祖を供養するお盆（盂蘭盆会）は，7月・8月に地域ごとにさまざまな様式で行われる行事。盆踊りなどもその一つ。③節分は毎年2月に行われる。㋑ひな祭りは毎年3月に行われる，女子の健(すこ)やかな成長をいのる行事。
③ あとをつぐ人が減った（いない）ということが書けていれば正解。少子化や高齢化が進み，文化の継承(けいしょう)が難しい地域も増えてきたことから，文化財保護法による文化財を守る動きが進められている。
④ 日本人の価値観を表す「もったいない」という言葉が世界で評価されたことは，無形文化遺産の和食やアニメなどとともに，日本の文化が世界に広がっている一例である。
⑤ ダイバーシティ（多様性）には，国籍や文化だけでなく，障がいの有無や性別，年代などのちがいを認め合うこともふくまれる。

❸ ① 決まり（ルール）は，人と人や国と国の間で起きる対立を調整し，トラブルを未然に防いだり，解決したりする効力を持つ。このように，決まり（ルール）には人間同士の秩序を保つ働きがあるため，合意した決まりは守らなければならないという責任が生じる。
② 効率とは無駄をなくすこと，公正とは不当にあつかわれる人や物がないことである。効率は，だれかの満足が損なわれることなく，全体の満足を増やすことである。公正は，一人一人の状況に応じて，特定の人が正当な理由なく，不利なあつかいを受けないようにすることである。
③ 決定に時間がかかることが書けていれば正解。全会一致は一人が反対すると採決できないため，多数決で物事を決めることが多い。

▶ 本文 p.8-11

第 2 章　個人の尊重と日本国憲法①

p.8　**Step ❶**

❶ **自由権**　❷ **社会権**　❸ **法の支配**
❹ **大日本帝国憲法**　❺ **三権分立**　❻ **国事行為**
❼ **非核三原則**　❽ **法の下の平等**
❾ **アイヌ民族支援法**　❿ **男女雇用機会均等法**
⓫ **男女共同参画社会基本法**
⓬ **インクルージョン**

p.9-11　**Step ❷**

❶ ① **ロック**　② **ルソー**　③ **モンテスキュー**
④ **「統治二論」**　⑤ **「社会契約論」**
⑥ **「法の精神」**

❷ ❶ ① **基本的人権**　② **永久**　③ **法律**
④ **自由**　⑤ **権利**
❷ **IV**　❸ **III**　❹ **II→IV→I→III**

❸ ❶ **1947**年 **5** 月 **3** 日
❷ **国民主権・基本的人権の尊重・平和主義**（順不同）
❸ ① **象徴**　② **国事行為**
❹ 例 **法の中で最も上位に位置しているから。**

❹ ❶ 第 **9** 条　❷ **自衛隊**
❸ **日米安全保障条約**　❹ **米軍基地**
❺ 核兵器を **持たず，作らず，持ちこませず**

❺ ❶ A **法の下**　B **門地**
❷ **子ども（児童）の権利条約**
❸ **インクルージョン**
❹ **男女共同参画社会基本法**
❺ **アイヌ民族**　❻ **ウ**
❼ 例 **25歳～29歳で働く女性の割合が，スウェーデンでは増えているが，日本は減っている。**

考え方

❶ ①④ ロックはイギリスの思想家。「統治二論」で抵抗権を唱え，アメリカ独立宣言に影響をあたえた。
②⑤ ルソーはフランスの思想家。「社会契約論」で人民主権を唱え，フランス革命に影響をあたえた。
③⑥ モンテスキューはフランスの思想家。「法の精神」で三権分立を唱えた。

❷ ❶ ①～⑤ **資料 I** は日本国憲法で，基本的人権を永久の権利として定めている。**資料 II** は大日本帝国憲法で，人権は法律の範囲内でのみ認められるとしている。**資料 III** は世界人権宣言で，あらゆる人と国が人権保障を達成すべきであることを宣言したもの。**資料 IV** はワイマール憲法。
❷ 世界で初めて社会権を認めたのはワイマール憲法で，**資料 IV**。
❸ 1948年に国際連合で採択されたのは**資料 III** の世界人権宣言である。
❹ 大日本帝国憲法（1889年）→ワイマール憲法（1919年）→日本国憲法（1946年）→世界人権宣言（1948年）の順。

❸ ❶ 日本国憲法が公布されたのは1946年11月 3 日，施行されたのは1947年 5 月 3 日である。公布は広く国民に知らせること，施行は実際にその法が効力を持つことである。現在では，11月 3 日は文化の日，5 月 3 日は憲法記念日とされ，ともに祝日となっている。
❷ 日本国憲法の三つの基本原理とは，政治の最終的なことを決める権限が国民にあるという国民主権，二度と戦争をしないという平和主義，人権を永久不可侵のものとして認める基本的人権の尊重である。
❸ ① 象徴とは，抽象的なものを具体的な何かで示すことである。
② 国事行為は，内閣の助言と承認の下に行うと，日本国憲法第 7 条に定められている。
❹ 最高法規，または法の中で最上位ということが書けていれば正解。日本国憲法は，最高法規であることから改正の条件を厳しくして，慎重に検討できるようにしている。

❹ ❶ 平和主義の理念に加え，軍隊の不保持や交戦権の否認などが掲げられている。
❷ 朝鮮戦争の際に設立された警察予備隊が1952年に保安隊と改組され，1954年に現在の自衛隊となった。政府は自衛隊について，憲法第 9 条でいう「戦力」にはあたらず，憲法は「自衛のための必要最小限度の実力」を持つことを禁止していないと説明している。

③ 日本への米軍駐留を認めた1951年の日米安全保障条約は，1960年に新安保条約に発展し，日本の領域が他国から攻撃を受けた際には日米が共同で対処する，と定められた。
④ 沖縄は第二次世界大戦後アメリカの統治下におかれ，1972年に沖縄県として日本に復帰した後も，基地をはじめとするアメリカ軍施設が多く残り続けている。
⑤ 世界で唯一(ゆいいつ)の被爆国である日本が主張すべきだとして，佐藤栄作首相が提起した。

5 ① A B この第14条で日本国憲法は平等権を保障している。門地(もんち)とは家柄のこと。
② 日本は子どもの権利条約について，1994年に批准し，国として子どもの利益に配慮してその権利を守っていくとしている。
③ インクルージョンには「包む」という意味があり，さまざまなちがいをたがいに認めあい，一体となって支え合う状態のことをいう。国籍や障がいの有無など，価値観の異なるさまざまな人が存在するという意味のダイバーシティ（多様性）とまちがえないようにしよう。
④ 男女共同参画社会とは，職場や家庭，地域など社会のあらゆる分野で男女が対等に活動に参加する機会を保障し，共に責任を担う社会のこと。これを実現するために，国や地方公共団体，国民が果たすべき役割を定めたのが男女共同参画社会基本法である。
⑤ 2008年に国会で「アイヌ民族を先住民族とすることを求める決議」が行われ，2019年のアイヌ民族支援法で初めて先住民族と明記されたが，アイヌの権利についてふれていないため，この法律を疑問視する声もある。
⑥ ㋐ 明治時代に制定された「解放令」でも部落差別の完全な解消には至らず，差別は続いている。㋑育児・介護休業法は男女ともに適用されているが，現在でも男性の取得率は低水準のままである。㋓在日外国人は朝鮮・中国の人々が多いが，現在は中南米や東南アジアなど，さまざまな地域の在日外国人が日本に暮らしている。こうした人々とのちがいをのりこえ，共にくらしていこうとする考え方を多文化共生という。
⑦ スウェーデンと日本のグラフの変化が異なり始めるのは25歳(さい)～29歳である。スウェーデンは増加しているが，日本は減少しているということが書けていれば正解。日本で25歳以降の女性の働く割合が下がるのは結婚や妊娠(にんしん)で退職することが多いからである。

p.12-13 Step 3

1 ① **大日本帝国(ていこく)憲法** ② 組織 **内閣** 記号 ㋑
③ 思想家 **モンテスキュー** 語句 **司法権**
④ ① ㋑ ② **集団的自衛権**
⑤ ① **3分の2以上** ② **過半数**

2 ① **ロック** ② **法の支配**

3 ① ㋐ ② ① **性別** ② **アイヌ民族支援(しえん)法**
③ **バリアフリー**

4 ① ㋓ ② **男女雇用(こよう)機会均等法**
③ 例 **女性の方が男性に比べて賃金が低いから。**

考え方

1 ① 大日本帝国憲法は1889年2月11日に発布された。主権は天皇にあり，国民は臣民とされ，基本的人権は法律の範囲内で認められた。
② ㋐は国会の仕事。㋒は国民が行う。天皇は内閣総理大臣，最高裁判所長官を任命する。㋓は内閣総理大臣が行う。
③ モンテスキューは著書「法の精神」の中で，三権分立を説いた。裁判所が保有する権利は司法権である。
④ ① 自衛隊は近年，国際平和協力法（PKO協力法）に基づいてカンボジアや東ティモールなどでの国際連合の平和維持活動（PKO）に参加している。
② 政府は，集団的自衛権は認めない立場をとっていたが，2014年に限定的ではあるが使用できると考え方を変更した。
⑤ ① ② 憲法改正には，国民に改正案を示す憲法改正の発議が必要となる。発議をするには国会に提出された改正案が衆参両院で総議員の3分の2以上の賛成を得なければならない。憲法改正の発議が行われると，国民投票が実施され，有効投票の過半数の賛成で初めて憲法が改正される。

❷ ❶ ロックは著書「統治二論」の中で，不法な権力に対する抵抗権を認めた。

❷ 法の支配は，国民が法を制定し，法によって政治権力が制限されるということである。このような考え方を立憲主義という。

❸ ❶ 世界人権宣言は，各国の人権保障の模範となるもの。これに基づいて，1966年に強制力のある国際人権規約が国際連合で採択された。

❷ ① 日本国憲法第14条は，性別や家柄に基づく差別を禁止する，平等権の根幹（こんかん）となる条文である。

② 1997年に制定されたアイヌ文化振興（しんこう）法にかわって制定された。

❸ バリアとは「障壁」の意味で，バリアフリーとは高齢者や障がい者が生活する上で障壁となるあらゆるものを取り除くことを指す。

❹ ❶ 日本では，女性は結婚や出産によって仕事を辞める場合があり，他の年齢に比べて20～30代の働く女性の割合が少なくなっている。

❷ 国際連合における女子差別撤廃条約の採択を受けて制定された。この他にも，育児・介護休業法など，男女共同参画社会を目指しさまざまな法律が制定されている。

❸ 女性の方が賃金が低いことが書けていれば正解。すべての年代で，男性より女性の方が賃金が低いことがグラフから読み取れる。

第２章 個人の尊重と日本国憲法②

p.14 Step ❶

❶ 精神の自由 ❷ 経済活動の自由
❸ 社会権 ❹ 生存権 ❺ 教育を受ける権利
❻ 労働基本権 ❼ 参政権 ❽ 被（ひ）選挙権
❾ 裁判を受ける権利 ❿ 公共の福祉（ふくし）
⓫ 納税の義務 ⓬ 環境（かんきょう）権 ⓭ 自己決定権
⓮ 知る権利 ⓯ プライバシーの権利
⓰ 個人情報保護制度 ⓱ 国際人権規約

p.15-17 Step ❷

❶ ❶ ㋑・㋔（順不同）
❷ ① A 健康 B 最低限度 ② 生活保護
③ 教育基本法 ④ ㋑
❸ 子ども（児童）の権利条約

❷ ❶ ㋒ ❷ ① 裁判 ② ㋑

❸ ❶ ① A 不断の努力 B 公共の福祉
② 例 表現することで他者を傷つける可能性があるとき。
❷ 普通（ふつう）教育を受けさせる義務

❹ ❶ ① 知る権利 ② ㋒ ❷ ㋐
❸ 例 病気にかかる可能性のある子を産まないなど，命の選別（せんべつ）が進む危険がある。

❺ ❶ ① 国際連合
② A 世界人権 B 国際人権 ③ ㋐
❷ NGO

考え方

❶ ❶ ㋐ ㋒ は思想・良心の自由や表現の自由など，精神の自由の一つ。㋓手続きなしに逮捕されないのは，身体の自由の一つ。

❷ ① ② 社会権は，20世紀に入ってから認められるようになった人権である。日本国憲法第25条では，そのうちの生存権について定めており，その内容を確保するために，社会保障制度が規定されている。

③ 教育基本法では，学校教育を通して子どもが生きる力を身に付けられるように，義務教育を無償（むしょう）としている。

④ 労働三権は㋐の団体行動権，㋑の団体交渉権，㋒の団結権で構成されている。

❸ 子どもの権利条約の批准を受けて，日本では2016年に児童福祉法が改正された。

❷ ❶ 2016年から選挙権は満18歳以上のすべての国民に認められており，これは国会議員選挙であっても地方議会議員選挙であっても変わらない。また，国会議員を選ぶ選挙については，外国に住んでいても，外国に住んでいるという登録を行うなど一定の条件を満たしていれば，投票できる仕組みが作られている。

❷ ① 日本国憲法第32条に「何人も，裁判所において裁判を受ける権利を奪はれない」と定められている。
② 例えば，有罪判決が一回出されたのちに，無罪であったことがわかるえん罪などで，有罪判決を受けた人がその期間の補償を求める権利のことを刑事補償請求権という。㋐は国家賠償請求権である。

❸ ❶ ① 「公共の福祉」とは，社会全体の利益を意味している。
② 公共の福祉を守るためには，「相手を傷つける表現をする」という自由は制限されるということが書けていれば正解。この他にも，財産権など経済活動の自由は公共の福祉による制限を受けやすいといわれている。

❷ 子どもが教育を受けるのは「権利」であるが，保護者が子どもに教育を受けさせるのは「義務」である。

❹ ❶ ① 新しい人権として知る権利が認められるようになったのは，国民が主権者として政治に参加するときに，さまざまな情報を手に入れることによって，政治が正しく行われているかどうか判断するためである。
② 行政機関に対して，行政文書の原則公開を義務付けた法律である。

❷ 臓器提供意思表示カードは死後の臓器提供について，自分の意思を表示しておくことができるカードである。

❸ 命の選別が進む可能性があることが書けていれば正解。出生前診断は出産前の検査でさまざまな病気の有無を調べることができるが，病気を持っていることが子どもを産むか産まないかの選択に影響を与える恐れがあるため，慎重さが必要だと考えられている。

❺ ❶ ① ② 世界人権宣言は1948年に，国際人権規約は1966年に国際連合によってそれぞれ採択された。
③ 国際人権規約は強制力を持ち，日本は1979年に批准した。

❷ 国境をこえて活躍する民間の非営利団体で，非政府組織ともいわれる。

p.18-19 Step❸

❶ ❶ ㊀ ❷ ① **生活保護法** ② ㋑
❸ A **普通教育を受けさせる義務** B **義務教育**
❹ **納税の義務** ❺ **団体行動権** ❻ ㊀
❼ **刑事補償請求権**

❷ ❶ **国際人権規約** ❷ ㊀
❸ **死刑廃止条約**

❸ ❶ ① ㋑ ② ㋐
③ 例 **インターネット上に個人情報をのせられた。**
❷ **国連人権理事会**

考え方

❶ ❶ ワイマール憲法は，第一次世界大戦後のドイツで制定された憲法。

❷ ① 生存権に基づいて国から生活に必要な費用が支給される生活保護の仕組みは，生活保護法に基づいて作られている。
② ㋐支給額は1980年代半ばから1990年度にかけて一度減っているが，その後は増加し続けている。㋒支給額が１兆円を超えたのは1970年代後半で，1970年度の支給額は5000億円以下である。グラフの左にある支給額の単位が10億円であることを確認しよう。500の目盛りは5000億円をあらわしている。㋑2000年度の支給額はおよそ２兆円で，2015年度は３兆7127億円なので，およそ１兆7000億円の増加である。

❸ 普通教育を受けさせる義務は，子どもが教育を受ける権利を保障するために日本国憲法第26条で定められている。
❹ 日本国憲法で定められた義務が三つだけなのは，憲法が国民の人権を保障するものだからである。
❺ 労働三権のうち，ストライキを行うのは団体行動権である。あとの二つは，団結権と団体交渉権である。
❻ 裁判を受ける権利は請求権の一つである。
❼ 有罪とされたのちに無罪となったという説明から，刑事補償請求権のことであるとわかる。

2 ❶ 国際人権規約を日本が批准したのは1979年である。
❷ 女子差別撤廃条約を受けて制定されたのは男女雇用機会均等法であるが，1991年には㋑育児・介護休業法，1999年に㋐男女共同参画社会基本法が制定され，男女がともに対等な立場で活躍する社会を創ることが求められている。㋒は今もなお続く部落差別を解消するために2016年に制定された。
❸ 日本はまだ刑事罰としての死刑が残っているため，死刑廃止条約は批准していない。

3 ❶ ① 階段状になっているマンションは，北側に向けて建物が低くなるように建てられており，マンションの北側にある住宅の日光をさえぎらないようにしている。環境権の一つである日照権に配慮して建てられているものである。
② 自己決定権とは，自分のことは自分で決める権利。社会が発達し，多様な生き方が認められるようになってきた中で主張されるようになった。インフォームド・コンセントとは，手術を受けるときなどに，患者が十分な説明を受けて，自分で治療方針などに納得したうえで同意すること。
❷ 国連人権理事会は，2006年に作られた，国際連合の組織である。

第3章 現代の民主政治と社会①

p.20 Step **1**

❶ 政治　❷ 民主主義
❸ 間接民主制（議会制民主主義）
❹ 多数決の原理　❺ 少数意見の尊重
❻ 選挙　❼ 普通選挙　❽ 秘密選挙
❾ 小選挙区制　❿ 小選挙区比例代表並立制
⓫ 政党　⓬ 与党　⓭ 連立政権
⓮ 政権公約　⓯ 世論　⓰ 一票の格差

p.21-23 Step **2**

1 ❶ リンカン
❷ 人民の，人民による，人民のための政治
❸ 民主主義（民主政治）
❹ ① 直接民主制　② ㋐
③ 例 大人数が一か所に集まるのが難しいから。
❺ 多数決の原理
❻ 例 結果を出す前に少数の意見を十分に聞く。

2 ❶ ㋐　❷ ㋒
❸ ① A ㋑　B ㋔　C ㋕
② 小選挙区比例代表並立制

3 ❶ 与党　❷ 連立政権　❸ ㋓　❹ 政権公約

4 ❶ ㋑　❷ メディアリテラシー

5 ❶ ㋑　❷ 期日前投票　❸ 法の下の平等

考え方

1 ❶ ❷ 図Ⅰは，アメリカで起きた南北戦争中に行われたリンカンによるゲティスバーグ演説である。
❸ 国民が主権を持ち，国民全体のために政治を行う考え方を民主主義といい，民主主義に基づいて行われる政治のことを民主政治という。民主主義（民主政治）はみんなで話し合って政治を進めていく。
❹ ① ② 直接民主制はスイスの一部の州などで現在も採用されているが，大勢の人を一か所に集めることや，複雑な出来事について採決するのが難しいという問題点がある。
③ 大人数という語句を用いて，集まるのが難しいことが書けていれば正解。物事を決めづらいことまで書かれていてもよい。

5 多数決の原理で決めた後には，少数意見を尊重しなければならない。

6 少数意見に耳を傾ける必要があることが書けていれば正解。

2 1 財産選挙とは，納税額など財産による制限がある選挙のこと。1925年以前の日本では，直接国税を納める額による制限があった。

2 ㋐は大選挙区制，㋑は比例代表制についての説明である。

3 ① A 衆議院議員総選挙は，小選挙区制では全国を289の地区に分けて，各選挙区から一人を選出している。BC比例代表制では，全国を11に分けて，それぞれのブロックで各政党が得票に応じて議席を分けている。

② 大政党の候補者が当選しやすい小選挙区制と，少数意見が反映されやすい比例代表制を組み合わせた選挙制度である。

3 1 一般的に，議会の選挙で最大の議席を獲得した政党の党首を中心として内閣が作られ，内閣を組織するのに加わった政党を与党と呼ぶ。与党以外の政党は野党となる。

2 1990年以降，日本の与党はほとんどの場合，複数の政党で連立政権を作っている。

3 第二次世界大戦後，日本では長い期間自民党のみによる政権が続いていたが，1990年代から政権交代がたびたびおきている。㋐1998年に自由民主党の単独政権が誕生している。㋑日本共産党はこれまで一度も政権を担当したことがない。㋒2009年から民主党を中心にした政権となり，自民党は政権を担当していなかった。

4 有権者は政権公約を見て，どの党や候補者に投票するかを決めることができる。

4 1 資料の社説が「現憲法のどこに具体的で差し迫った不具合があるのか」とあることから，憲法改正に否定的な主張であることを読み取ろう。また，現憲法の基本原則によって日本は平和を達成できた，とあるので㋐，㋒はあてはまらない。新時代を生きる国民に「頭の切りかえ」を求めたのは，日本国憲法が制定されたときのことであり，現在のことではないので，この社説で㋓のように考える人は増えない。

2 マスメディアだけでなく，インターネットなども含め，伝えられる情報についてはそのまま受け取るのではなく，なぜそのような報道がなされるのか，ということを考えることが重要である。

5 1 ㋐ 18歳選挙権開始後も，投票率にほとんど変化はない。㋒参議院議員選挙の投票率が最も低かったのは1990年代である。㋓1946年以降，ほとんどの年代で衆議院選挙の投票率の方が参議院選挙を上回っている。

2 投票日に予定があるなどして投票できない人が，投票日前の都合がよいときに先に投票しておくことができる制度である。

3 一票の格差が大きくなると，一人一票という平等選挙の原則が崩れると考えられる。

p.24-25 Step 3

1 1 ㋒　2 ① **民主政治**　② **個人**
③ **間接民主制（議会制民主主義）**
④ **少数意見の尊重**

2 1 ① **1925年**　② **1945年**　2 **普通選挙**
3 ① **小選挙区比例代表並立制**　② **3**

3 1 **A党 4（人）　B党 2（人）**
2 **連立政権**　3 **㋒**

4 1 **20歳代**
2 例 **若者の意見が政治に反映されにくくなる。**
3 ① **東京1区**　② **宮城5区**
4 **2.17倍**　5 **公職選挙法**

考え方

1 1 資料は，フランス革命前のフランスの様子で，一部の人がほかの人を踏み台にしている様子が描かれたものである。

2 ①～④ 民主政治には，国民の基本的人権が守られ，個人として尊重されるべきとする日本国憲法第13条の考え方が欠かせない。政治は，代表者による多数決で行われることが多いが，その際重要なのは，結論を出す前に少数の意見を聞き，できるだけ尊重することである。

❷ ❶ ① ② 財産による制限がなくなったのは，納税額が０円になった1925年であり，女性に参政権が認められたのは，有権者が男女となった1945年である。
❷ 一定の年齢をこえた国民すべてに選挙権をあたえることを普通選挙という。選挙の基本原則は，普通選挙と一人一票を持つ平等選挙，無記名で投票する秘密選挙，有権者が立候補者に対して直接投票を行う直接選挙の四つである。
❸ ① ② 衆議院議員総選挙は小選挙区比例代表並立制のため，有権者は小選挙区制で候補者を１名，比例代表制で政党を１つ選んで投票する。参議院議員は任期が６年のため，３年ごとに選挙を行い，半数の議員を入れ替えていく仕組みをとっている。選挙制度は，比例代表制と選挙区制を組み合わせている。

❸ ❶ ドント式の計算方法は，各政党の得票数÷１・２・３…としていき，その商の多い順に議席を配分する。A党の得票数を１，２，３…で割ると，15000，7500，5000，3750…，B党は10000，5000，3333.3…，C党は5000，2500…，D党は1500…となる。商の多い順に定数７の議席を配分すると，A党４人，B党２人，C党１人，D党０人となる。
❷ 異なる政党間で意見が一致することは難しく，連立政権は短期間で終わることも多い。
❸ 死票とは，落選した候補者や，議席を得られなかった政党の得票のこと。D党は当選者がいないため，D党の得票は死票となる。死票は，一つの選挙区から一人しか選ばれない小選挙区制で特に多く発生する。

❹ ❶ ❷ 高齢者の投票率が高いと政治家は高齢者の要望をよりかなえようとする。相対的に若者の意見が政治に反映されにくくなることが書けていれば正解。現在では若い世代の投票率を上げる工夫（くふう）も行われている。
❸ ① 最も多い有権者数の選挙区，②最も少ない有権者数の選挙区をそれぞれ選べばよい。
❹ 宮城５区が1.00であるのに対し東京１区は2.17であることから2.17倍である。
❺ 公職選挙法は，ほかに選挙権や被（ひ）選挙権の年齢なども定めている。

第３章 現代の民主政治と社会②

p.26 Step ❶

❶ 二院制（両院制） ❷ 常会（通常国会）
❸ 内閣総理大臣の指名 ❹ 弾劾（だんがい）裁判所
❺ 国務大臣 ❻ 議院内閣制（責任内閣制）
❼ 衆議院の解散 ❽ 公務員 ❾ 規制緩和（かんわ）
❿ 三審制（さんしんせい） ⓫ 司法権の独立
⓬ 民事裁判 ⓭ 検察官 ⓮ 裁判員制度
⓯ 三権分立 ⓰ 憲法の番人

p.27-29 Step ❷

❶ ❶ ① 465（人） ② ６（年） ③ 25（歳以上）
❷ A 最高機関 B 立法機関
❸ 例 審議（しんぎ）を慎重（しんちょう）に行うため。
❹ 常会（通常国会）

❷ ❶ ㋐・㋑（順不同）
❷ ㋑→㋒→㋐
❸ 委員会 ❹ 国政調査権

❸ ❶ ㋒ ❷ ㋐
❸ ① A 内閣信任・不信任決議 B 衆議院の解散 C 内閣総理大臣の指名 D 国会議員
② 例 国会議員が選ぶ内閣総理大臣とちがい，大統領は国民が選挙で選んでいるから。

❹ ❶ 全体の奉仕（ほうし）者 ❷ 財政 ❸ ㋒

❺ ❶ ㋓ ❷ A 控訴（こうそ） B 上告（じょうこく）
❸ ㋒ ❹ ㋓

❻ ❶ 三権分立 ❷ ① オ ② エ ③ ケ ④ ア
❸ 憲法の番人

考え方

❶ ❶ ① 465人のうち289人が小選挙区で，176人が全国を11に分けた比例代表制で選ばれる。
② 参議院議員の任期が６年と長く，解散がないのは，長期的な問題などについて継続的に審議する役割を担（にな）っているためである。
③ 衆議院議員の被（ひ）選挙権は25歳以上と参議院議員よりも５歳若いため，幅広い年齢層の人が議員となることができる。
❷ 日本国憲法第41条は国会の地位を示している。国民の直接選挙で国会議員が選出されることから，国会が政治の中心で，唯一法律を制定できる機関となっている。

③ 審議を慎重に行えることが書けていれば正解。議院が二つあることで，国民の中にある幅広い意見を取り上げることができる。衆議院の方が任期が短く解散があるため，国民の意見を反映しやすいと考えられていることから衆議院に優越が認められている。一方，参議院は任期が長く解散がないことから，丁寧な議論ができるとされている。

④ 常会（通常国会）の主な審議内容は次年度の予算編成である。それ以外に，法案の審議なども行われる。会期は150日となっているが，必要に応じて延長されることもある。

❷ ① ㋐ 条約の締結と㋑衆議院の解散の決定は，いずれも内閣の仕事である。

② 予算は内閣が作成し，衆議院に提出する。予算の審議は衆議院が先に行うことが決められている。衆議院で可決された予算を参議院が30日以内に議決しなかった場合や，両院協議会で意見が一致しなかった場合は衆議院の議決だけで予算が成立する。

③ 委員会では，専門家などから意見を聞く公聴会が開かれることがある。

④ 国政調査権は，衆議院と参議院が同じ権限を持ち，政治全般について調べることができる権利である。

❸ ① ㋐ 内閣が条約を締結し，国会が承認する。㋑予算の審議と議決を行うのは国会。㋓法律が憲法に違反していないかを審査するのは裁判所。内閣は法に基づいて政治を行う。

② 保育所は児童福祉施設として厚生労働省が担当しているが，幼稚園は教育施設なので，文部科学省が担当している。

③ ① 衆議院から内閣へ内閣信任・不信任決議が行える一方，内閣から衆議院へは解散の決定ができる。また内閣総理大臣は必ず国会議員で，国務大臣の過半数は国会議員でなければならない。このように，内閣が国会の信任によって成立している政治の仕組みを議院内閣制という。

② 内閣総理大臣は国会議員が選ぶのに対し，大統領は国民が直接選ぶことが書けていれば正解。国民に直接選挙で選ばれた大統領は，内閣総理大臣よりも強い権限を持つ。

❹ ① 公務員は，行政を実際に担当する人々である。国で働く国家公務員と，地方公共団体で働く地方公務員があり，どちらも一部の人のためではなく社会全体のために働くこと，と日本国憲法に定められている。

② 行政を行うためにはお金が必要であり，そのもととなるのは税金である。国民から集めた税金を有効に活用するために，政府は予算を作成する。

③ 小さな政府は，国が治安維持など最小限の役割だけを担うとする考え方であるので，国民の税負担は少なくなる。

❺ ① 裁判所には最高裁判所と下級裁判所があり，下級裁判所には，高等裁判所，地方裁判所，家庭裁判所，簡易裁判所がある。高等裁判所は全国８か所（札幌市，仙台市，東京，名古屋市，大阪市，広島市，高松市，福岡市）に設置され，地方裁判所や家庭裁判所から控訴された第二審を主に扱う裁判所である。㋐全国で１か所のみに設置されているのは最高裁判所。㋑審理が原則として非公開なのは家庭裁判所で，家事事件や少年事件を扱っている。㋒請求額が140万円以下の民事裁判の第一審を扱うのは簡易裁判所。他に，罰金以下の刑罰にあたる罪の刑事事件の第一審も扱っている。

② 三審制は，一つの訴えにつき３回まで裁判を受けられる制度である。

③ ㋐ 刑事裁判で訴えられた人は被告人という。被疑者は，罪を犯した「疑いのある人」で，被疑者が起訴されると被告人となる。㋑黙秘権は基本的人権として保障されている。㋓和解にいたることがあるのは民事裁判。

④ 裁判員制度は罪の有無に加え，量刑を決めるのも職務内容の一つである。

❻ ❶ 三権分立は，国の権力を司法，行政，立法の三つの機関にわけることで，権力の集中を防ぎ，たがいに行きすぎを抑えている。
❷ ① 法律の違憲審査は裁判所が法律を制定した国会に対して行う。②弾劾裁判所は裁判官がふさわしくない行為をした場合に辞めさせるかどうかを国会が判断するところ。③内閣不信任を決議できるのは衆議院。④選挙は国民が国会議員を選ぶ。
❸ 最高裁判所が最終決定権を持っていることから，最高裁判所は憲法の番人と呼ばれる。

p.30-31 Step ❸

❶ ❶ A **委員会** B **本会議**
❷ 例 **参議院に比べて任期が短く，解散があるため，国民の意見を反映しやすいから。**
❸ ① **常会（通常国会）** ② ㋓
❹ ① ㋓ ② **大きな政府**

❷ ❶ **上告** ❷ ㋑ ❸ ① **ア** ② **ウ**
❹ 例 **まちがった判決を防いで人権を守るため。**

❸ ❶ B ❷ **イ** ❸ ㋑
❹ a 10 b **総辞職** c 30 ❺ ㋐ ❻ ㋑

考え方

❶ ❶ 先議・後議それぞれの院の委員会と本会議で審議された後，法律が成立する。
❷ 衆議院に優越が認められているのは，任期が参議院の6年に対し4年と短く，解散があることで，国民の意見をより反映しているから，という点が書けていれば正解。衆議院の優越が認められる事柄には，予算や法律案の議決，条約の承認などがある。
❸ ① 常会（通常国会）は，毎年1回1月に召集されることとなっており，国会審議の中心となるものである。
② 憲法改正は衆参両院の総議員の3分の2以上の賛成で発議され，国民投票において有効投票の過半数の賛成によって成立する。
❹ ① 縦割り行政とは，規則や個々の権益に行政がしばられて物事に柔軟に対応できず，組織ごとにばらばらに動いている状態のこと。
② 税負担が大きくなる代わりに社会保障や雇用の確保を積極的に行う政府を大きな政府といい，反対に税負担が少ない代わりに，治安維持など政府の役割が最低限に留まることを小さな政府という。

❷ ❶ 三審制において，第一審から第二審に不服を申し立てることを控訴，第二審から第三審に不服を申し立てることを上告という。
❷ 最高裁判所長官の指名は内閣が行い，任命は天皇が行う。また，最高裁判所裁判官の任命は内閣が行う。
❸ ① 最高裁判所は全国に1か所，高等裁判所は全国に8か所，地方裁判所と家庭裁判所は各都道府県庁所在地と函館，旭川，釧路の50か所にある。簡易裁判所は全国に438か所ある。
② 裁判員が参加するのは地方裁判所で行われる刑事裁判の第一審のみである。
❹ えん罪などのまちがった判決を防ぐことが目的であることが書けていれば正解。一つの事件について3回裁判の機会を設けることで，慎重に裁判を行うことができる。

❸ ❶ 行政権を持っているのは内閣。国会は立法権，裁判所は司法権を持っている。
❷ 国民は，国会議員を選挙し，最高裁判所裁判官を国民審査する。内閣に対して世論を示すだけなのは，議院内閣制で，選挙で選んだ国会議員の中から内閣総理大臣が選ばれているので，その時点で国民の意見が反映されていると考えられるからである。
❸ ロックは「統治二論」で抵抗権を，ルソーは「社会契約論」で人民主権を唱えた。リンカンは第16代アメリカ大統領である。
❹ 衆議院で内閣不信任の決議が行われた場合内閣は10日以内に衆議院を解散するか，総辞職しなければならない。
❺ 国務大臣のうち国会議員でなければならないのは過半数であり，それ以外は国会議員以外から選んでもよいことになっている。
❻ ㋐ 内閣総理大臣は国会が指名し，天皇が任命する。㋒内閣が最高裁判所長官を指名し，天皇が任命する。その他の裁判官は内閣が任命する。

▶ 本文 p.32-35

第３章 現代の民主政治と社会③

p.32 Step ❶

① **地方公共団体**　② **特別区**　③ **地方自治**
④ **地方分権**　⑤ **条例**　⑥ **首長**
⑦ **二元代表制**　⑧ **30歳以上**　⑨ **直接請求権**
⑩ **歳入**　⑪ **地方財政**　⑫ **地方税**
⑬ **地方交付税交付金**　⑭ **国庫支出金**
⑮ **地方債**　⑯ **住民投票**
⑰ **NPO（非営利組織）**　⑱ **過疎地域**

p.33-35 Step ❷

❶ ① **地方公共団体**　② **特別区**　③ **地方自治法**
④ ㋒　⑤ ㋑　⑥ **学校**　⑦ ㋓

❷ ① ① **エ**　② a **30**　b **25**　c **4**　③ ㋐　② ㋓
③ ① ア **50分の１**　イ **50分の１**
ウ **３分の１**　エ **３分の１**
② 記号 **キ・ク**（順不同）
請求先 **選挙管理委員会**
③ **直接請求権**

❸ ① ① **国庫支出金**　② **地方債**
③ 例 **地方公共団体の財政格差をなくすために国から配分されるお金。**
② ① ㋒　② ㋓

❹ ① ㋐　② **NPO**

考え方

❶ ① 日本国憲法第92条の条文にある地方自治の本旨とは，住民の意思に基づいてその地域を運営するという住民自治と，国から自立して，地方公共団体によって地域の行政を行う団体自治のことを指している。
② 東京都の23区は特別区と呼ばれ，市とほぼ同じ権限を持っている。
③ 地方自治法は，地方自治が自主的に行われるように，地方公共団体の組織や運営などについて定めている法律。
④ ㋒ 裁判は司法権を持つ裁判所が行うもので，行政機関である地方公共団体は行わない。
⑤ スーパーマーケットは民間経営が基本であるため，地方公共団体に対する要望には適さないと考えられる。
⑥ 民主主義の学校とは，住民にとって，地方自治が最も身近で住民の意見を反映させる政治を行っていることから，民主主義を学ぶことができる場であるという意味。
⑦ 1999年に制定された地方分権一括法の制定後は，仕事や財源が国から地方に移される地方分権が加速した。反対に，地方から国に権限が移動することを中央集権という。

❷ ① ① 図の仕組みを国に例えると，首長が内閣総理大臣，議会は国会となる。国では衆議院が内閣に対して不信任決議が行えること，内閣は衆議院に対して解散を行えることからア・イは国の政治の仕組みにもあるといえる。ウの予算の議決も国会の権限とされていることから，国の政治の仕組みにあるといえる。内閣総理大臣は国会の議決したことに再議を求めることはできないので，エが国の政治の仕組みにはないものである。
② 都道府県知事の被選挙権は参議院議員の被選挙権と同じ30歳である。また，市（区）町村長の被選挙権は衆議院議員の被選挙権と同じ25歳である。任期はどちらも４年であるが，任期途中で解職されたり，議会が解散したりすることもある。
③ 地方議会は二元代表制をとっており，首長と地方議員のどちらも住民が選挙する。国政選挙では国民は国会議員を選挙で選ぶが，内閣総理大臣は国会議員が選ぶ。
② 条例は地方公共団体独自に制定できる，地方公共団体のみで通用する法。ただしその内容は必ず法律の範囲内でなければならないとされている。㋐条例案を議決し制定するのは地方議会。㋑条例には罰則のないものもある。㋒条例は，住民が直接請求権によって改廃や制定を求めることができる。
③ ① 人の地位や職を奪う可能性のある請求は有権者の３分の１以上の署名が必要。それ以外は50分の１以上でよい。
② オは首長，カは監査委員，キとクは選挙管理委員会がそれぞれの請求先となる。
③ 直接請求権は，住民の意見を地方自治に反映させるために制定されている仕組みである。国の政治には取り入れられていない。

❸ ❶ ① 使途が特定されていることから，国庫支出金と判断できる。
② 「債」は借金を意味する。地方の借金は地方債，国の借金は国債である。
③ 地方財政の格差をなくすために国から配られるお金であることが書けていれば正解。例えば，地方税収入の多い東京は国から交付される地方交付税交付金はわずかだが，過疎が進む地方の県は多く交付されている。
❷ ① ㋐ 市の数は増えている。㋑合計数は減少しているものの，半数を下回ってはいない。
② 市町村合併が進めば，これまで行き届いていた行政サービスの質が低下することが指摘されている。

❹ ❶ ㋐ 条約は国の外交に関わることのため，地域の政治ではなく住民投票が行われたことはない。㋑は1996年に新潟県巻町（現在の新潟市）で，㋒は2015年に大阪市で，㋓は1997年の岐阜県御嵩町でそれぞれ住民投票が行われた。
❷ NPOはNon Profit Organizationの略。利益のためではなく，社会貢献のために活動する団体で，活動場所が主に国内の組織を指すことが多い。

p.36-37 Step ❸

❶ ❶ ① ㋐　② 25歳以上　❷ 二元代表制
❸ ① 5千人　② 10万人
❹ 請求先 選挙管理委員会　取り扱い ㋒

❷ ❶ 例 歳出における地方債の返済割合が大きくなり，必要な仕事にお金を回せなくなる。
❷ 自治体財政健全化法

❸ ❶ ㋐
❷ ① A 地方交付税交付金　説明 ㋑
② 都道府県 沖縄県
理由 例 使い道が限定されている国庫支出金の割合が高いため。
③ 過疎
❸ ㋓

考え方

❶ ❶ ① 地方公共団体の長は，住民から直接選挙で選ばれる。
② 都道府県知事の被選挙権は30歳以上，市町村長の被選挙権は25歳以上となっている。
❷ 地方の選挙は国とは異なり，議員と首長をそれぞれ住民が直接選挙していることから二元代表制という。
❸ ① 25万人の50分の1なので5千人。
② 30万人の3分の1なので10万人。
❹ 市町村長の解職は，議会の解散と同じく請求先は選挙管理委員会である。署名が有効と判断されれば住民投票に移り，有効投票の過半数の同意があれば解職される。

❷ ❶ ❷ 地方債の返済が財政の問題点となることが書けていれば正解。実際に北海道の夕張市では財政が破綻した。今後破綻する地方公共団体が増えないよう，国は地方公共団体の財政を毎年確認し，財政が破綻する前に立て直しを求めるための法律を定めた。

❸ ❶ 高齢化が進み，福祉にかかる費用が増大していることが近年の課題である。㋑公務員の削減は進められているが，総務費の割合は減少し続けてはいない。㋒㋓教育費・土木費の割合は減少している。
❷ ① 地方公共団体の収入には地方税，国庫支出金，地方債のほかに地方交付税交付金がある。
② 東京都は自主財源である地方税の割合が高く，沖縄県は依存財源である地方交付税交付金，国庫支出金の割合が多くなっている。国庫支出金は使途が限定されているため，その割合が高ければ独自に使えるお金が少なくなる，ということが書けていれば正解。
③ 人口が集中しすぎる状態は過密という。
❸ ㋐ 人口が増えると地方税の収入が増えるので歳入は増える。㋑地方公共団体の多くが自主財源だけではまかなえず，地方交付税交付金や国庫支出金を受けている。㋒現在は国の仕事や財源が地方に移される地方分権が加速している。

第4章 私たちの暮らしと経済①

p.38 Step 1

❶ 家計 ❷ 財 ❸ サービス ❹ 消費支出
❺ 貯蓄 ❻ 消費者主権 ❼ 契約自由の原則
❽ クーリング・オフ制度
❾ 製造物責任法（PL法） ❿ 流通
⓫ 分業 ⓬ 資本主義経済 ⓭ 私企業
⓮ 株式会社 ⓯ 株主総会 ⓰ 労働基準法

p.39-41 Step 2

❶ ❶ ① 190,000円 ② ㋑ ③ サービス ❷ ㋒
❷ ❶ ㋒ ❷ 消費者基本法
❸ 製造物責任法（PL法）
❸ ❶ A 卸売 B 小売
❷ 例 流通の仕組みが複雑になり，費用が多くかかるため商品の価格が高くなる。
❹ ❶ 資本主義経済 ❷ 公企業 ❸ A ❹ ㋒
❺ ❶ 証券取引所 ❷ ㋒
❻ ❶ ① ㋒ ② ㋐ ③ ㋑ ❷ ㋐
❸ 例 業績に応じて労働者の数を調整でき，人件費をおさえられるため。

考え方

❶ ❶ ① 消費支出は食料費，電気料金などの光熱費，住居費，など生活に必要な財やサービスに使った支出のこと。世帯主の給料300,000円から，税金など53,000円，貯蓄の30,000円，その他27,000円を引いた額となる。
② 社会保険料は非消費支出の一つで貯蓄ではない。預金や株式は貯蓄の一形式である。
③ 形のある商品を財，形のない商品をサービスという。
❷ クレジットカードは手元にお金がなくても買い物ができる。代金はカード会社がいったんお店に支払い，消費者は後でカード会社に代金を支払っているので，後払いになる。そのため，支払いを考えて利用する必要がある。

❷ ❶ アメリカでは1960年代に消費者問題が深刻化したことから，当時の大統領であるケネディが提唱した。
❷ 消費者の権利を明確に規定し，消費者が被害にあうのを防ぐことを目的として，消費者保護基本法から改正された。
❸ この他にも，消費者契約法など，消費者を保護するための法律が制定されている。

❸ ❶ A 卸売業者は，生産者から商品を仕入れて小売業者に売る。B小売業者は，卸売業者から仕入れて消費者に売る。
❷ 商品が卸売業者などを通して消費者に届くまでを流通という。流通に多くの業者が関わることで，商品の価格が高くなることが書けていれば正解。もともとの商品の価格に，中間にいる業者の利益や輸送費などの費用が加わるため，関わる業者が増えれば増えるほど最終的に消費者のもとに届くときには価格が高くなる。産地から直接消費者に届ける仕組みには中間費用はかからないため，安く届けることができる。

❹ ❶ 資本とはお金だけでなく，土地，設備，労働力など，生産に関わる要素をふくむ。
❷ 利潤を目的とする企業を私企業という。
❸ 日本の企業の90％以上は中小企業が占めていることから，Aが企業数である。Bは従業者数，Cが売上高である。
❹ 自動車会社が性能の高い自動車を開発するのは，売れる自動車をつくり，利益を得るためであり，企業の社会的責任を果たす取り組みにはあたらない。

❺ ❶ 証券取引所における株式の売買を通じて，株式の値段である株価が決まる。
❷ ㋐ 株主は利潤の一部を配当として受け取る。㋑多くの場合，経営は専門知識を持つ経営者にまかせる。㋓株式会社の場合，株主は出資した分の損失だけで済む。

❻ ❶ 国は，使用者に対して弱い立場にある労働者の権利を労働三法で保障している。
❷ 統計にある国の年間労働時間は上下するものの，どの国も1985年と比較すると2015年は短くなっている。㋐日本の年間労働時間は，2000年代からアメリカよりも短くなっている。

❸ 非正規労働者の場合，業績に応じて労働者の数を調整できることをふまえ，経営者は人件費を削減したいと考えていることが書けていれば正解。しかしこれが，非正規労働者の生活の不安定さにつながっている。

p.42-43 Step ❸

❶ ❶ ① **私企業** ② **株式会社**
③ A **株主** B **株主総会** C **配当**
❷ ㋒ ❸ ① **クーリング・オフ制度**
② **POS（販売時点情報管理）システム**

❷ ❶ **卸売** ❷ ㋑ ❸ A ㋒ B ㋐ C ㋑

❸ ❶ 1点目：例 **女性のみを募集するという点は，男女雇用機会均等法に違反している。**
2点目：例 **1日8時間以上労働させるという点は，労働基準法に違反している。**
❷ ㋓ ❸ ① A **労働組合** B **労働争議**
② 資料Ⅱ ㋑ 資料Ⅲ ㋒

考え方

❶ ❶ ① 利潤を目的とする企業を私企業，利潤を目的としない企業を公企業という。私企業はさらに，農家や個人商店などの個人企業，株式会社などの法人企業に分類される。
② 株式を発行して資金を集める法人企業を，株式会社という。
③ Aは株式を購入することで企業に投資した株主。Bは株主が出席して経営方針などを決める株主総会。Cは利潤の一部を株主が受け取る配当である。

❷ サービスは形のない商品。タクシーに乗ったり，映画を見たりすることが，サービスの購入にあてはまる。

❸ ① 消費者を保護するためにつくられた制度の一つ。訪問販売や電話勧誘などで商品を買った場合に適用される。
② バーコードを読み取ることで，商品の種類や販売数などが集計される。売れ行きが分かることで，在庫管理や流通の調整がしやすくなる。

❷ ❶ 卸売業者は，生産者から買い付けたものを小売業者に売る。

❷ せりは複数回行うのではなく，一度で多くの商品を扱った方が合理的である。

❸ A 1980年代に販売額が増加したものの，現在減少しつつあるのは百貨店。現在でも売り上げを維持しているのはBの大型スーパーマーケット。残るCはコンビニエンスストアである。

❸ ❶ 男女雇用機会均等法は，雇用の面での男女差別を禁止する法律である。求人広告において女性のみを募集することは認められない。また，1日の労働時間が3～10時間となっているが，労働基準法では週40時間，1日8時間以内の労働でなければならないと定められているため，10時間の労働は認められない。こうしたことが書けていれば正解。

❷ 非正規労働者の生活の安定のために，同じ労働に対しては同じ賃金を支払う同一労働同一賃金が目指されているが，十分な実現にはいたっていない。

❸ ① ② **資料Ⅱ**の労働組合法は，使用者に対して労働環境の改善などを要求する労働組合結成を認める法律である。**資料Ⅲ**の労働関係調整法は労働争議（ストライキのこと）を防ぐために労働者と使用者の労働関係を調整する法律である。

第４章 私たちの暮らしと経済②

p.44 Step ❶

① 均衡価格 ② 独占禁止法 ③ 公共料金
④ 直接金融 ⑤ 発券銀行 ⑥ インフレーション
⑦ 為替相場（為替レート）
⑧ 間接税 ⑨ 社会資本 ⑩ 国債 ⑪ 社会保険
⑫ 水俣病 ⑬ 環境基本法
⑭ 循環型社会 ⑮ 国内総生産（GDP）

p.45-47 Step ❷

❶ ① ① 量 需要量 曲線 B ② 均衡価格
③ ㋐
② 例 工業製品であるため天候などに左右されず，供給量が安定しているから。
❷ ① 預金 ② a ③ 間接金融 ④ ㋑
❸ ① 景気変動
② 例 通貨の価値が下がり，物価が上がり続ける現象。
③ ㋒→㋓→㋐→㋑ ④ A 円安 B 円高
❹ ① A 直接税 B 間接税 C 地方税
② 累進課税 ③ ㋐・㋒（順不同）
❺ ① ① ㋑ ② ㋒ ③ ㋐ ④ ㋓
② 例 少子高齢化が進むことで，働く世代の（保険料）負担が増加する。
❻ ① A 新潟水俣病 B 四日市ぜんそく
C イタイイタイ病 D 水俣病
② E ㋒ F ㋑ ③ 環境基本法 ④ GDP

考え方

❶ ① ① 消費者が買おうとする量（需要量）は，価格が高くなると減少する。生産者が売ろうとする量（供給量）は，価格が高くなると増加する。
② 需要量と供給量が一致する価格を指す。
③ 価格が70円のとき，需要量は40個，供給量は80個だから，商品は売れ残り，価格は下落する。
② 安定して生産できることが書けていれば正解。トマトは農作物のため天候などが生産量に影響を与え，供給量が一定でないため価格変動が大きいが，トマトケチャップは工業製品であるため，原材料さえ確保できていれば安定して生産できる。

❷ ① 銀行は，家計や企業から余っている資金を預金として集める。
② 貸し出しに対する金利は，預金に対する金利よりも高い。その差額が，金融機関のもうけとなる。
③ 金融には，貸し手から直接借りる直接金融と，金融機関を通じて借りる間接金融がある。
④ 日本銀行は企業や個人などと直接取引を行うことはない。㋐日本銀行券（紙幣）を発行する役割は「発券銀行」という。㋒一般の銀行の預金受け入れの役割は「銀行の銀行」という。㋓政府のお金を預かる役割は「政府の銀行」という。

❸ ① Aは好景気（好況）で，生産が拡大し消費が増えている状態。Bは不景気（不況）で，生産が縮小し消費も減っている状態。
② 通貨価値が下がり，物価が上がることが書けていれば正解。この反対で，通貨価値が上がり，物価が下がることをデフレーションという。
③ 日本銀行が銀行から国債を買うと銀行の資金量が増えて，銀行が積極的に企業に貸し出しをするようになる。貸し出し資金を得た企業が生産を活発化させると，景気は回復に向かう。
④ 円安は円の価値が下がること。円高は円の価値が上がること。円高は輸出が中心の企業には不利であるが，輸入が中心の企業には有利になる。円安はその逆である。

❹ ① A～C 税金を納める納税者と税金を負担する担税者が一致する税は直接税，一致しない税は間接税である。また，納付先が国であれば国税，地方公共団体であれば地方税である。
② 税の公平な負担という観点から，所得税や相続税には，所得が多いほど税率が高くなる累進課税が適用されている。
③ 政府は，不景気のときは減税や公共投資の増加によって企業や家計のお金の量を増やし，消費をうながして経済を活発化させようとする。

❺ ❶ ①〜④ 社会保険には，年金保険，医療保険，介護保険などが含まれる。公的扶助の中心的な柱は生活保護である。

❷ 少子高齢化が働く世代の負担の増加につながることが書けていれば正解。高齢者が増え，保険料を負担する働く世代が少なくなれば，一人あたりの保険料は増える。

❻ ❶ 新潟水俣病，四日市ぜんそく，イタイイタイ病，水俣病を四大公害病という。

❷ 水俣病，新潟水俣病はメチル水銀，イタイイタイ病はカドミウムによる水質汚濁が原因。四日市ぜんそくはコンビナートのばい煙による大気汚染が原因。

❸ 1967年に制定された公害対策基本法を，地球規模の環境問題にも対応するために改正したのが環境基本法。

❹ 国内総生産（GDP）は，ある国や地域の中で一定期間に生産された，財やサービスの付加価値の合計である。

p.48-49 Step ❸

❶ ❶ **国内総生産（GDP）**

❷ ① **イタイイタイ病**　② ㋑

❸ ① A **15,000（ドル）**　B **10,000（ドル）**

② **円高**

❷ ❶ **寡占**

❷ 例 **不当に高い価格で商品を購入させられることがある。**

❸ 法律 **独占禁止法**　機関 **公正取引委員会**

❸ ❶ ① A **健康**　B **最低限度**　② ㊁

❷ ㋒　❸ ㋐

❹ ① 施設 **社会資本（インフラ）**

サービス **公共サービス**

② 例 **歳出は増えているが，税収は減少しているから。**

考え方

❶ ❶ 高度経済成長期には，国内総生産を上げることが豊かさの指標とされていた。

❷ ① 患者が「イタイイタイ」と泣き叫んだことからこの名がついた。

② 日本銀行が一般の銀行に国債を売ると，銀行がもつお金の量が減り，企業などへの貸し付けが減って市場に流通するお金の量は減る。これによって景気が安定する。

❸ ① 1ドル100円のとき1200000円÷100＝12000ドルなので，1200000円÷80＝15000ドル，1200000円÷120＝10000ドルとなる。

② 産業の空洞化とは，円高が進んで輸出産業の売り上げが厳しくなり，生産拠点を海外に移す企業が増えることを指す。

❷ ❶ ある商品を生産する企業が一つの場合は独占，数社で少ない場合は寡占という。

❷ ❸ 商品の価格が不当に高くなることが書けていれば正解。一つの商品を生産する企業が少ないと，選択肢が少なくなり，価格が高くても消費者は購入せざるを得ない。競争が進まないことで，企業側が生産量や価格を決めることができてしまう。これを防ぐため，独占禁止法に基づいて公正取引委員会が指導を行っている。

❸ ❶ ① 日本国憲法第25条では，国民の健康で文化的な最低限度の生活を営む権利を生存権として保障している。

② ㋐は社会保障の中の公的扶助。㋑は介護保険で社会保険の一つ。㋒は社会福祉。

❷ 累進課税は，所得が多いほど税率が高くなる仕組み。㋒は所得額100万円の税率が5％，所得額200万円の税率が10％になっているので，累進課税が適用されている。㋐所得の多少にかかわらず税率が5％になっている。㋑所得額100万円の税率が5％，所得額200万円の税率が2.5％になっている。

❸ 日本の税収は，間接税よりも直接税の割合の方が高いので，Aは直接税。固定資産税は直接税だが市町村税である。日本は収入にかかわらずだれもが一律に負担する消費税など間接税の割合が他国に比べて低い。

❹ ① 社会資本や公共サービスの提供は，政府が行う。

② 歳出は増加傾向にあるが，税収は減っていることが書けていれば正解。国債は，国の借金である。

第5章 地球社会と私たち

終章 より良い社会を目指して

p.50 **Step 1**

1 領域 2 排他的経済水域
3 安全保障理事会 4 平和維持活動（PKO）
5 アジア太平洋経済協力会議（APEC）
6 南北問題 7 BRICS
8 地球温暖化 9 再生可能エネルギー
10 フェアトレード（公正貿易）
11 難民 12 政府開発援助（ODA）
13 世界遺産条約 14 持続可能な社会

p.51-53 **Step 2**

❶ 1 ① 領空 ② 領土 ③ 領海
④ 排他的経済水域
2 A 北方領土 B 尖閣諸島 C 竹島
❷ 1 国際連合 2 総会 3 拒否権
4 ㋑ 5 持続可能な開発目標（SDGs）
❸ 1 ① A㋓ B㋕ C㋒ D㋐ E㋔ F㋑
② ユーロ ③ 環太平洋経済連携協定(TPP11)
2 ① 例 先進国が多い北半球と途上国が多い南半球との間の経済格差問題。
② 新興工業経済地域（NIES）
❹ 1 酸性雨 2 ㋐→㋒→㋑ 3 ㋓
❺ 1 ① アジア ② アフリカ
2 マイクロクレジット（少額融資）
3 ㋓ 4 ㋑
❻ 1 例 金額は多いが，国民総所得（GNI）にしめる割合は低い。
2 ㋒ 3 ㋓

考え方

❶ 1 領空は，領土と領海の上空である。領土・領海・領空はその国の主権がおよぶ領域となる。排他的経済水域は，沿岸国が漁業資源や鉱産資源などを利用する権利を持つ水域で，沿岸から200海里までの領海の外側の水域。その外側は公海となっており，国を問わず自由に航行・操業できるとされている（公海自由の原則）。南極大陸や宇宙空間は，どの国も領域にできないとされている。

2 A北方領土は，歯舞群島，色丹島，国後島，択捉島からなり，第二次世界大戦後にソ連が不法に占拠した。ソ連を引きついだロシア連邦に対して，日本は返還を求めている。B尖閣諸島は，先島諸島の北方に位置しており，沖縄県石垣市に属している。中国がその領有権を主張している。C竹島は隠岐諸島の北西に位置しており，島根県隠岐の島町に属している。現在，韓国が不法に占拠しているため，日本は抗議を続けている。

❷ 1 国際連合は，1945年に世界平和を守るために設立された。第一次世界大戦後に設立されたのは国際連盟である。

2 全加盟国で構成され，年1回開かれる。

3 安全保障理事会は2年任期の非常任理事国10か国と常任理事国5か国（アメリカ，中国，イギリス，フランス，ロシア連邦）からなるが，常任理事国のうち1か国でも反対すると，重要な問題について決議できない。

4 南スーダンは現在最も新しい国連の加盟国。地域の平和と安全を定着させるために，自衛隊が派遣された。

5 持続可能な開発目標（SDGs）は地球規模の課題解決に向け2030年までに達成することを目指した目標である。課題を17の領域に分けて表示している。

❸ 1 ① APECはアジア太平洋経済協力会議，MERCOSURは南米南部共同市場，ASEANは東南アジア諸国連合，EUはヨーロッパ連合，USMCAは米国・メキシコ・カナダ協定，AUはアフリカ連合。地域ごとに国が結びつき，経済や安全保障などにおいて協力し合う組織をつくることを，地域主義（リージョナリズム）という。

② 2020年現在，加盟国27か国のうち19か国が導入している。

③ アジア太平洋地域の国々が参加し，経済関係の強化を図ろうとしている協定が環太平洋経済連携協定（TPP11）である。日本も2018年に署名したが，海外から安い農産物が輸入されて，国内の農業に打撃をあたえる可能性があるとも考えられている。

❷ ① 北半球に多い先進国と，南半球に多い途上国との間の経済格差について書けていれば正解。現在では南北だけでなく途上国の間でも経済格差が広がっており，これを南南問題という。
② 韓国，台湾，香港(ホンコン)，シンガポールなどがあてはまる。

❹ ❶ 写真は酸性雨によって立ち枯(が)れた森林。この他にも，オゾン層の破壊(はかい)，砂漠化(さばく)，海洋汚染などさまざまな地球環境問題がある。
❷ ㋐ 国連人間環境会議は1972年にストックホルムで，㋒国連環境開発会議（地球サミット）は1992年にリオデジャネイロで，㋑地球温暖化防止京都会議は1997年に京都でそれぞれ開催(かいさい)された。
❸ 太陽光や風力，地熱，バイオマスなどの再生可能エネルギーを利用した発電の普及(ふきゅう)が進められているが，現在の技術では発電費用が高く，自然条件に電力の供給が左右される点が課題となっている。

❺ ❶ ① 世界人口の約６割はアジアに集中している。
② アフリカでは人口爆発(ばくはつ)と呼ばれる急速な人口増加が続いており，今後さらに人口が増えると予想されている。
❷ 将来の世代の貧困をなくす取り組みとして，フェアトレードとともに注目されている。
❸ 核兵器を保有する国をアメリカ，ロシア連邦，イギリス，フランス，中国とし，その他の国が核兵器を持つことを禁じた条約。しかし，実際には新たに保有する国や，保有しようとする国があり，問題となっている。
❹ UNICEF(ユニセフ)は国連児童基金，UNESCO(ユネスコ)は国連教育科学文化機関，UNEP(ユネップ)は国連環境計画の略称である。

❻ ❶ 政府開発援助（ODA）の額は多いが，国民総所得（GNI）に占める割合が比較的低いことが書けていれば正解。スウェーデンやノルウェーなど北欧(ほくおう)の国はその逆である。
❷ UNESCOは世界遺産の登録，識字率の向上，義務教育の普及などを行っている。

❸ 自分のためだけに行動したのでは持続可能な社会は実現できない。

p.54-55 Step ❸

❶ ❶ ㋑
❷ ① 例 **排他的経済水域を確保するため。**
② **ロシア連邦** ❸ ① **BRICS** ② ㋑

❷ ❶ A **貧困(ひんこん)** B **飢餓(きが)** ❷ ㋓
❸ **人間の安全保障**

❸ ❶ ① **温室効果ガス**
② **京都(きょうと)議定書**
③ 例 **削減(さくげん)目標を設定していない**
④ A **中国** B **アメリカ** ⑤ **パリ協定**
❷ ① ㋑ ② **原子力** ③ ㋒

考え方

❶ ❶ 上位５か国の割合の合計は53.3％である。㋐負担の割合は等しくなっていない。㋒日本とドイツは常任理事国ではない。㋓上位10か国のうち，ブラジルは南アメリカ大陸，アメリカとカナダは北アメリカ大陸にある。
❷ ① 排他的経済水域を守る意図があることが書けていれば正解。排他的経済水域は魚などの漁業資源や石油などの鉱産資源を開発する権利が認められているため，沖ノ鳥島は，島が波の浸食で失われないようにしている。
② 日本の最北端は択捉島。択捉島を含む北方領土問題は解決に向けた話し合いが進んでいない。
❸ ① ブラジル（Brazil），ロシア（Russia），インド（India），中国（China），南アフリカ共和国（South Africa）の頭文字(かしら)をとってBRICSと呼ばれる。
② アジア太平洋経済協力会議（APEC）は日本とアメリカを含めた環(かん)太平洋に位置する21の国と地域が参加している。
㋐ USMCAは米国・メキシコ・カナダ協定で，アメリカは参加しているが，日本は参加していない。㋒2017年にアメリカがTPPから離脱(りだつ)し，2018年に日本を含めた11か国でTPP11が発効した。㋓ASEANは東南アジア諸国連合で，日本もアメリカも参加していない。

❷ ❶ 特にサハラ砂漠以南のアフリカ大陸での貧困は深刻で，5歳未満の子どもが死亡する割合がヨーロッパの15倍といわれている。

❷ UNHCRは，国連難民高等弁務官事務所の略称で，難民保護だけでなく難民キャンプにおける教育の普及や職業訓練を行っている。㋐宗教のちがいや貧困問題を背景として，近年テロは増加傾向(けいこう)にある。㋑核拡散防止条約に加盟していないインドやパキスタンでは核実験が行われている。㋒民族紛争(ふんそう)や地域紛争は中東地域で多く発生しているため，難民が中東諸国からヨーロッパへと移動する動きが起こっている。

❸ 一人一人の人間を大切にする考え。日本の外交方針の一つとなっている。

❸ ❶ ① 地球温暖化の原因となっていると考えられる温室効果ガスには，二酸化炭素やメタンなどがある。地球温暖化によって，北極圏(ほっきょくけん)や南極大陸の氷が溶け海面が上昇(じょうしょう)し，海抜(かいばつ)の低い島国は水没(すいぼつ)する危険に見舞(みま)われている。また気候が変動することにより農作物が育たなくなったり，干ばつや洪水(こうずい)が起きたりといった被害が多発することが心配されている。

② 1997年に京都で開かれた地球温暖化防止京都会議では，先進国に温室効果ガス削減目標を設定した京都議定書が採択された。

③ 削減目標が設定されていないことが書けていれば正解。京都議定書で削減目標を設定したのは先進国だけであり，結果として途上国からの二酸化炭素の排出量が増えている。アメリカなどの先進国は，途上国も排出量を削減しなければ地球温暖化を防ぐことは難しいと考えているが，途上国は，今まで環境を破壊(はかい)してきたのは先進国だとして，取り組みへの議論は平行線をたどっているという現状がある。

④ ③ の説明をもとに考えてみると良い。Aは途上国で工業化が急速に進み，二酸化炭素を多く排出している中国，Bは京都議定書を離脱したアメリカとわかる。

⑤ パリ協定では，途上国を含め，各国がそれぞれの削減目標を打ち立てて取り組むこととなった。

❷ ① グラフの「太陽光・風力・地熱など」は再生可能エネルギーにあたり，近年増加傾向にある。㋐グラフの左にある年の下に総供給量が示されている。2000年以降，エネルギー総供給量は減少している。㋒日本の高度経済成長期は1955～70年代であるが，この時期の原子力発電の割合はわずかである。㋓石油・石炭・天然ガスを含めた火力発電の割合が最も高いのは1970年である。

② グラフを見ると，2010年に11.3%あった原子力が2016年には0.8%になっていることがわかる。2011年に起きた東日本大震災の際，福島第一原子力発電所が津波の影響を受け，大事故が発生した。放射性物質が大量放出し，周辺住民は長期にわたる避難を強(し)いられた。原子力発電は安定的に電力を供給できる一方，事故が起きたときに人体や環境に与える影響が大きいことが再認識され，エネルギー政策を見直すきっかけとなった。

③ 石油や石炭などの化石燃料を原料とするエネルギーは，二酸化炭素の排出量も多く，地球温暖化を加速させている。また，原子力は事故が起こると甚大(じんだい)な環境破壊をもたらす。これらのことから，資源・エネルギー問題のあり方を考えていくことは，地球環境問題の解決につながるといえる。

テスト前 ☑ やることチェック表

① まずはテストの目標をたてよう。頑張ったら達成できそうなちょっと上のレベルを目指そう。
② 次にやることを書こう（「ズバリ英語〇ページ，数学〇ページ」など）。
③ やり終えたら□に✓を入れよう。
最初に完ぺきな計画をたてる必要はなく，まずは数日分の計画をつくって，
その後追加・修正していっても良いね。

目標

	日付	やること 1	やること 2
2週間前	／	□	□
	／	□	□
	／	□	□
	／	□	□
	／	□	□
	／	□	□
	／	□	□
1週間前	／	□	□
	／	□	□
	／	□	□
	／	□	□
	／	□	□
	／	□	□
	／	□	□
テスト期間	／	□	□
	／	□	□
	／	□	□
	／	□	□
	／	□	□

QRコードのページに登録すると，「ぴたリンク」からも表をダウンロードできるよ

テスト前 ✓ やることチェック表

① まずはテストの目標をたてよう。頑張ったら達成できそうなちょっと上のレベルを目指そう。
② 次にやることを書こう（「ズバリ英語〇ページ，数学〇ページ」など）。
③ やり終えたら□に✓を入れよう。
最初に完ぺきな計画をたてる必要はなく，まずは数日分の計画をつくって，
その後追加・修正していっても良いね。

目標

	日付	やること 1	やること 2
2週間前	／	□	□
	／	□	□
	／	□	□
	／	□	□
	／	□	□
	／	□	□
	／	□	□
1週間前	／	□	□
	／	□	□
	／	□	□
	／	□	□
	／	□	□
	／	□	□
	／	□	□
テスト期間	／	□	□
	／	□	□
	／	□	□
	／	□	□
	／	□	□

キリトリ線

QRコードのページに登録すると，「ぴたリンク」からも表をダウンロードできるよ